La victime
devant la Cour pénale internationale

Logiques Juridiques

Collection dirigée par Gérard Marcou

Le droit n'est pas seulement un savoir, il est d'abord un ensemble de rapports et pratiques que l'on rencontre dans presque toutes les formes de sociétés. C'est pourquoi il a toujours donné lieu à la fois à une littérature de juristes professionnels, produisant le savoir juridique, et à une littérature sur le droit, produite par des philosophes, des sociologues ou des économistes notamment.

Parce que le domaine du droit s'étend sans cesse et rend de plus en plus souvent nécessaire le recours au savoir juridique spécialisé, même dans des matières où il n'avait jadis qu'une importance secondaire, les ouvrages juridiques à caractère professionnel ou pédagogique dominent l'édition, et ils tendent à réduire la recherche en droit à sa seule dimension positive. A l'inverse de cette tendance, la collection *Logiques juridiques* des Éditions L'Harmattan est ouverte à toutes les approches du droit. Tout en publiant aussi des ouvrages à vocation professionnelle ou pédagogique, elle se fixe avant tout pour but de contribuer à la publication et à la diffusion des recherches en droit, ainsi qu'au dialogue scientifique sur le droit. Comme son nom l'indique, elle se veut plurielle.

Dernières parutions

Anaïs HUGON, *Créances salariales impayées : le rôle de l'AGS*, 2009.

Claire BARTHELEMY, *Le Régionalisme institutionnel en Europe*, 2009.

Maristela RODRIGUES ROGET, *Le système interaméricain et les principes démocratiques : l'évolution de son engagement*, 2009.

Marie-Louise PELLETIER, *L'Entreprise publique de service public. Déclin et mutation*, 2009.

Vincent de BRIANT, *L'action commune en droit des collectivités territoriales. Contribution à l'étude des compétences exercées en commun par l'Etat et les collectivités territoriales*, 2009.

Khalid ZAHER, *Conflit de civilisations et droit international privé*, 2009.

Georges LABRECQUE, *Les différends territoriaux en Europe*, 2009.

Ghislain M. Mabanga

La victime devant la Cour pénale internationale

Partie ou participant ?

L'Harmattan

5-7, rue de l'Ecole polytechnique, 75005 Paris

http://www.librairieharmattan.com
diffusion.harmattan@wanadoo.fr
harmattan1@wanadoo.fr

ISBN : 978-2-296-09245-7
EAN : 9782296092457

A toutes les victimes de la barbarie humaine du seul fait de leur différence.

Sommaire

Table des abréviations

AFDI : Annuaire français de droit international
Aff. : Affaire
Al. : Alinéa
Arch. pol. crim. : Archives de politique criminelle
Art. : Article. Sans autre précision, article du Statut de la CPI
BCPD (*OPCD*) : Bureau du Conseil public pour la défense de la CPI (*Office of Public Counsel for the Defence*)
BCPV(*OPCV*) : Bureau du Conseil public pour les victimes de la CPI (*Office of Public Counsel for Victims*)
Ch. app. : Chambre d'appel de la CPI
Ch. prél. : Chambre préliminaire de la CPI
Ch. 1re inst. : Chambre de première instance de la CPI
CPI (*ICC*) : Cour pénale internationale (*International Criminal Court*)
Cour (la) : Cour pénale internationale
DAVT : Division d'aide aux victimes et aux témoins de la CPI
E.U.A : Editions universitaires africaines
Par. : Paragraphe
P.U.A.M. : Presses universitaires d'Aix-Marseille
P.U.F. : Presses universitaires de France
Pulim : Presses Universitaires de Limoges et du Limousin
RCA : République centrafricaine
RDC : République démocratique du Congo, ex-Zaïre
R.G.D.I.P. : Revue générale de droit international public
RPDP : Revue pénitentiaire et de droit pénal

RPP : Règlement de procédure et de preuve. Sans autre précision, Règlement de procédure et de preuve de la CPI

Statut : Statut de la CPI

TMI : Tribunal militaire international

TPIY : Tribunal pénal international pour l'ex-Yougoslavie

TPIR : Tribunal pénal international pour le Rwanda

V. : Voir

Avant-propos

Onze ans après l'institution de la Cour pénale internationale, et six après le début de son fonctionnement, l'innovation de taille que constituait l'apparition de la victime comme acteur du procès pénal international semble bien ancrée dans les esprits. Si de nombreux écrits ont abordé, avec pertinence, la question relative à l'importance et au rôle de la victime dans ce procès, très peu se sont penchés en profondeur sur la place de ce nouvel intrus dans une enceinte jalousement protégée par les deux protagonistes principaux que sont l'accusation et la défense.

Sans doute eut-il été hasardeux d'épiloguer sur ce sujet tant que la Cour elle-même ne s'était pas prononcée. Ne disposant d'aucun précédent en la matière, elle l'a fait progressivement, d'abord dans son Règlement, ensuite dans les différentes décisions de ses chambres.

Témoin privilégié des efforts de la Cour pour se frayer un chemin en dehors des sentiers battus par ses prédécesseurs que sont notamment les Tribunaux *ad hoc* pour l'ex-Yougoslavie et le Rwanda, nous ne pouvions rester sans réaction face à ce débat. Nous avons ainsi saisi cette opportunité pour apporter notre contribution à la compréhension de ce nouveau droit des victimes sur la scène pénale internationale, qui se crée et se consolide sous nos yeux.

Cet ouvrage s'adresse donc aussi bien à la communauté universitaire qu'à tous les usagers de la justice pénale internationale, et notamment les praticiens du droit. Ceci est d'autant vrai que la question de la qualité de la victime dans le procès pénal international fut l'objet d'un débat houleux à l'occasion du sixième séminaire des Conseils de la Cour pénale internationale tenu à La Haye en mai 2008.

On peut donc regretter qu'aucun des acteurs du procès abordés à cette occasion pour une interview dans le cadre de cette étude n'ait souhaité s'exprimer. Certains d'entre eux ont justifié cette réserve par l'attente de l'arrêt de la Chambre d'appel qui devait se prononcer sur la décision de la Chambre de première instance I du 18 janvier 2008 qui, pour la toute première fois, tranchait la question sur la qualité de partie ou non de la victime dans le procès pénal international.

L'arrêt attendu est intervenu le 11 juillet 2008. Il a confirmé la décision querellée. Nous avons examiné en profondeur ces deux décisions – qui feront date dans l'histoire du droit international pénal – en relevant tant leurs mérites que leurs faiblesses.

Les réactions aux positions soutenues dans cet ouvrage seront certainement nombreuses, à l'image de la controverse qui a toujours divisé, même parmi les géniteurs de la Cour, les tenants et les opposants au statut de la victime comme partie au procès pénal international. Nous les attendons avec grand intérêt, car c'est du choc des idées que jaillit la lumière.

La Haye, le 29 mai 2009.

Ghislain M. Mabanga

Introduction

Parler de la victime dans l'étude d'une juridiction pénale internationale ne présentait, jusqu'à récemment, que très peu d'intérêt, tant il est vrai que celle-ci a, de tout temps, été considérée comme tierce à l'instance. Le Statut de Rome du 17 juillet 1998 lui ayant consacré une place sur le prétoire du procès pénal international, il devient légitime de s'interroger sur sa véritable place parmi les autres protagonistes de ce procès. Pour mieux répondre à cette préoccupation, il convient, d'abord, de dégager la problématique de l'étude (I), ensuite, de définir les principaux concepts utilisés (II) et, enfin, de donner l'ossature qui rendra viable ce travail (III).

I. Problématique

Aussi loin que l'on puisse jeter les regards, l'on s'aperçoit que le droit des victimes devant les juridictions pénales internationales a connu une évolution historique sur trois grandes périodes. La première, qui va de la fin de la Seconde Guerre mondiale à 1993, est caractérisée par une absence totale de la victime dans les textes comme dans la pratique des juridictions pénales internationales, en l'espèce le Tribunal militaire international (TMI) de Nuremberg et le TMI pour l'Extrême-Orient.

L'accent étant, ici, essentiellement mis sur la répression des crimes internationaux, le procès pénal ne met aux prises que l'accusation et la défense. En conséquence, la victime n'apparaît dans la procédure qu'en qualité de témoin, essentiellement de l'accusation. Il n'a pas d'autre rôle et ne peut prendre la parole à aucun autre titre.

La deuxième période, que l'on pourrait qualifier d'intermédiaire, commence en 1993 par l'institution du Tribunal pénal international pour l'ex-Yougoslavie (TPIY) : l'importance de la victime dans la manifestation de la vérité est reconnue, d'où sa protection en cours de procédure[1]. Un début de réparation est envisagé par la restitution à leurs légitimes propriétaires des biens et ressources objets de l'infraction[2]. Mais, jusque-là, la victime n'a pas droit à la parole en tant que telle et n'apparaît dans la procédure qu'en qualité de témoin de l'accusation, comme lors de la période précédente.

La troisième période débute avec le Statut de Rome du 17 juillet 1998, qui opère une véritable révolution en consacrant la participation de la victime à la procédure[3] et le principe de la réparation de tous les préjudices subis du fait des crimes relevant de la compétence de la CPI[4]. Ainsi la victime peut-elle désormais, comme dans certains droits nationaux[5], participer à la manifestation de la vérité et prétendre à la réparation des préjudices subis.

Se pose alors la question de la place de la victime parmi les autres protagonistes du procès pénal international, en l'occurrence, le procureur, la défense et les autres personnes et entités intervenant dans la procédure. Est-elle partie au procès ? Est-elle, au contraire, un tiers à l'instance ? La réponse à cette double question n'est pas évidente, d'une part parce qu'elle n'a pas été clairement tranchée par les textes régissant la CPI, de l'autre, parce qu'elle a, à ce jour, suscité

[1] Art. 22 du Statut du TPIY et 21 du TPIR.
[2] Art. 24.3 du Statut du TPIY et 23.3 du TPIR.
[3] Art. 68.
[4] Art. 75.
[5] Sur cette question, on lira, avec intérêt, GIUDICELLI-DELAGE G. et LAZERGES C. (dir.), *La victime sur la scène pénale en Europe*, PUF, Paris, 2008, 286 p.

de nombreuses controverses que la jurisprudence de cette Cour n'a pas contribué à aplanir totalement.

Cette étude vise donc à prendre part à ce débat et à déterminer la véritable place de la victime devant la CPI. Néanmoins, avant d'y arriver, il faudrait d'abord définir les concepts-clés de cet ouvrage.

II. Définition des concepts

Pour mieux répondre au questionnement qui découle de la problématique de ce travail, il est impérieux, à ce stade déjà, de délimiter les différents contours du sujet. En effet, examiner la question de la place de la victime parmi les autres protagonistes du procès devant la CPI nous amène à nous interroger sur ce qu'il convient d'entendre par "victime" (A), mais aussi à saisir les différents contours du procès qui s'y déroule, c'est-à-dire le "procès pénal international" (B).

A. Le concept "victime"

Le concept "victime" n'est pas aisé à cerner, particulièrement en droit international pénal où il est susceptible de plusieurs acceptions. Comme le souligne Ilaria Bottigliero, "defining 'victims of crimes under international law' can be problematic (...). The term 'victim' carries various connotations witch depend upon the legal context in witch it is used"[6].

[6] BOTTIGLIERO I., *Redress for Victims of Crimes under International Law*, Martinus Nijhoff, Leiden-Boston, 2004, p. 6.

Cette difficulté est vite apparue dans les actes fondamentaux de la CPI. La Règle 85 du RPP retient deux catégories de victimes : les personnes physiques et les personnes morales. Pour qu'une personne physique soit reconnue comme victime, il faut qu'elle ait "subi un préjudice du fait de la commission d'un crime relevant de la compétence de la Cour". La personne morale pouvant être reconnue comme victime est "toute organisation ou institution dont un bien consacré à la religion, à l'enseignement, aux arts, aux sciences ou à la charité, un monument historique, un hôpital ou quelque autre lieu ou objet utilisé à des fins humanitaires a subi un dommage direct".

Deux observations méritent d'être faites à ce niveau. *En premier lieu*, la définition de la victime, entendue comme personne morale, est plus restrictive en ce que cette qualité est tributaire du dommage direct causé aux biens spécifiques qu'elle revendique.

En revanche, aucune exigence similaire ne semble faite aux personnes physiques, ce qui a permis à la Cour d'élargir cette définition en l'étendant aux membres de "la famille proche ou les personnes à charge de cette victime directe"[7], pour autant qu'ils démontrent qu'ils ont "subi un préjudice en intervenant pour venir en aide aux victimes directes de l'affaire ou pour empêcher que ces dernières ne deviennent victimes à raison de la commission de ces crimes"[8].

---

[7] Ch. prél. I, 29/06/2006, ICC-01/04-01/06-172, aff. Le Procureur c/ Thomas Lubanga Dyilo, *Décision sur les demandes de participation à la procédure présentées par les Demandeurs VPRS 1 à VPRS 6 dans l'affaire Le Procureur c. Thomas Lubanga Dyilo*, p. 8.

[8] *Ibid.*

Cette notion de *victime indirecte* a été confirmée par la Chambre d'appel dans un arrêt du 11 juillet 2008[9].

En second lieu, cette double définition pose problème dans la mesure où elle appréhende la victime en dehors de tout cadre processuel, ce qui n'en donne qu'une vision tronquée. En effet, aux termes de la Règle 85 susmentionnée, une personne est victime dès lors qu'elle a subi un préjudice du fait de la commission d'un crime relevant de la compétence de la Cour. Or la réunion de toutes les conditions exigées par cette disposition ne suffit pas, en elle-même, à permettre à la personne concernée de participer à la procédure devant la Cour tant que la qualité de victime ne lui aura pas été reconnue à l'issue d'une procédure de reconnaissance organisée par la Règle 89.

Au cours de cette procédure, la victime porte le nom de "demandeur". Si la Cour estime que ce demandeur remplit toutes les conditions fixées par la Règle 85, elle lui reconnaît le statut de victime qui lui permet de participer à la procédure. Elle lui refuse une telle reconnaissance si elle constate qu'il ne remplit pas toutes ces conditions ou que, les ayant remplies, il ne démontre pas en quoi il serait approprié, dans la phase de procédure concernée, que la Cour permette que ses vues et préoccupations soient exposées et examinées.

A cet effet, après avoir malencontreusement "octroyé" le statut de victimes à six demandeurs dans la phase de la situation[10], la Chambre préliminaire I a, dans sa décision du

---

[9] Ch. app., 11/07/2008, ICC-01/04-01/06-1432-tFRA, *Arrêt relatif aux appels interjetés par le Procureur et la Défense contre la Décision relative à la participation des victimes rendue le 18 janvier 2008 par la Chambre de première instance I*, par. 1, p. 4.

[10] Ch. prél. I, 17/01/2006, ICC-01/04-101, situation en RDC, *Décision sur les demandes de participation à la procédure de VPRS 1, VPRS 2, VPRS 3, VPRS 4, VPRS 5 et VPRS 6*, p 42.

29 juin 2006, rectifié le tir en refusant de "reconnaître" aux mêmes demandeurs le statut de victimes dans la phase de l'affaire[11].

Par ailleurs, sans avoir demandé à participer à la procédure, une personne peut directement demander réparation lorsque la Cour est appelée à statuer sur les intérêts civils[12]. Cette personne est également appelée victime.

Il s'ensuit que le terme "victime" est équivoque, car désignant aussi bien un demandeur à qui la qualité de victime a été reconnue par la chambre compétente que toute personne répondant à la définition prévue par la Règle 85 ou ayant introduit une demande en réparation. La confusion est telle que, pour distinguer ces différentes catégories de victimes, les textes fondamentaux de la Cour ont dû quelques fois utiliser des expressions reflétant leurs différentes interventions dans la procédure.

Aussi peut-on fréquemment rencontrer des expressions telles que "victimes participant à la procédure"[13] ou "victimes autorisées à participer aux procédures"[14], par opposition aux "autres victimes"[15]. S'agissant des victimes qui interviennent dans le cadre de la réparation, elles sont qualifiées de "victimes qui demandent réparation"[16].

---

[11] Ch. prél. I, 29/06/2006, *op.cit.*, p. 9.
[12] Règle 94-1 RPP.
[13] Règle 143 RPP.
[14] Norme 21-2-i Règlement du Greffe.
[15] Règle 93 RPP.
[16] Norme 21-2-j Règlement du Greffe.

Dans le cadre de cet ouvrage, le concept de victime s'entend principalement de la personne, physique ou morale, qui s'est vu reconnaître cette qualité par la Cour ou qui a diligenté une action en réparation. C'est, en effet, après cette reconnaissance ou l'introduction d'une demande en réparation qu'elle devient véritablement un acteur dont il convient de rechercher la place parmi les autres protagonistes du procès pénal international.

B. Le procès pénal international

Pour mieux cerner ces termes, nous utiliserons une approche à la fois extensive et restrictive. L'approche extensive concerne le "procès pénal". Nous l'entendrons dans un sens large, qui comprend, non seulement la phase du procès proprement dit, c'est-à-dire la phase de l'instruction à l'audience et des débats, mais aussi toutes les autres étapes de la procédure pénale. Concrètement, l'expression "procès pénal" prise au sens large englobe aussi bien la phase préparatoire que la phase juridictionnelle.

L'approche restrictive concerne, elle, l'épithète "international". Elle désigne un procès se déroulant devant une juridiction pénale internationale. Mais qu'est-ce qu'une juridiction pénale internationale ?

Procédant par élimination, nous exclurons d'abord de cette définition les juridictions pénales dites mixtes, hybrides ou internationalisées, qui comprennent, aussi bien dans leur mode de création que dans leur fonctionnement, des éléments internes et internationaux. C'est le cas des Chambres extraordinaires du Cambodge, des Chambres pour crimes graves du Timor oriental, des Chambres 64 du Kosovo, du Tribunal spécial pour la Sierra Leone et de la

Chambre pour crimes de guerre en Bosnie-Herzégovine[17].

Nous exclurons aussi, naturellement, les juridictions criminelles nationales, même si bon nombre d'entre elles connaissent aujourd'hui des crimes relevant de la compétence des juridictions pénales internationales. Tel est le cas, notamment, du juge pénal français qui peut connaître du génocide et des autres crimes contre l'humanité[18], mais aussi des juridictions militaires congolaises[19] qui, en droit interne, sont seules compétentes en cas d'indivisibilité ou de connexité d'infractions avec des crimes de génocide, des crimes de guerre et des crimes contre l'humanité[20].

En définitive, l'aspect international d'une juridiction pénale doit découler à la fois de son mode de création (traité ou résolution du Conseil de sécurité des Nations Unies)[21], de son objet (connaître des crimes internationaux)[22], de sa

---

[17] Pour approfondir cette question, lire notamment MARTINEAU A.-C., *Les Juridictions pénales internationalisées. Un nouveau modèle de justice hybride ?*, Pedone, Paris, 2007, 293 p.

[18] Art. 211-1 à 213-5 du Code pénal.

[19] L'épithète "congolaises" ici renvoie à la RDC.

[20] Art. 161 du Code pénal militaire. Lire, à ce sujet, MUTATA LUABA L., *Traité de crimes internationaux*, E.U.A. et L'Arc-en-Ciel, Kinshasa, 2008, pp. 26-27.

[21] On notera cependant l'unilatéralisme américain dans la création du TMI pour l'Extrême-Orient dont la charte fut approuvée, en janvier 1946, par le général Douglas Mac Arthur. La conférence de Moscou des ministres des affaires étrangères de la Chine, des Etats-Unis, de la Grande-Bretagne et de l'Union soviétique s'étaient, néanmoins, accordés auparavant sur l'établissement du siège de ce tribunal à Tokyo (voir, à ce sujet, BAZELAIRE J.-P. et CRETIN T., *La justice pénale internationale*, PUF, Paris, 2000, pp. 27-28).

[22] Il faut reconnaître que, vu sous cet angle, le Tribunal spécial pour le Liban pose problème, puisqu'il est appelé à connaître, non de crimes internationaux, mais de l'assassinat d'un homme politique. De là, à l'accuser d'instrumentalisation, il n'y a qu'un pas, que certains auteurs n'ont pas hésité à franchir (DE GEOUFFRE DE LA PRADELLE G., KORKMAZ A. et MAISON R., "Qui va inculper les assassins du

composition (juges internationaux) et de la procédure applicable (prévue par les textes fondamentaux). Rentrent dans cette catégorie – et, par conséquent, sont qualifiés juridictions pénales internationales dans le cadre de cette étude – le TMI de Nuremberg, le TMI pour l'Extrême-Orient, le TPIY, le TPIR et la CPI.

L'on comprendra, cependant, qu'un accent particulier ait été mis sur cette dernière juridiction, pour la bonne et simple raison qu'elle est, à ce jour, la seule à avoir organisé le statut de la victime en tant qu'acteur du procès pénal international. C'est en tenant compte de cette spécificité qu'a été conçue la structuration de cet ouvrage.

III. Plan de l'ouvrage

Pour savoir si la victime est ou non partie au procès devant la Cour, le réflexe naturel est d'interroger les textes régissant cette juridiction. Or aussi bien le Statut que le RPP de la Cour parlent des parties sans toutefois préciser à quels acteurs du procès s'applique cette épithète. Le Règlement de la Cour, rédigé par les juges, qualifie, lui, tous les intervenants de "participants à la procédure".

premier ministre Rafic Hariri ? Douteuse instrumentalisation de la justice internationale au Liban", in *Le Monde diplomatique*, avril 2007, pp. 18-19, http://www.monde-diplomatique.fr/imprimer/14595/d8f7caad80.

Devant cette confusion, la place de la victime est donc à rechercher aussi bien parmi les parties au procès (1ère partie) que les participants à la procédure (2ème partie). Une conclusion fera le point sur les recherches menées et comportera notre réponse à la problématique posée. Cet ouvrage sera donc structuré comme suit :

1ère partie : La victime et les parties au procès

2ème partie : La victime et les participants à la procédure

Conclusion

1ERE PARTIE

LA VICTIME ET LES PARTIES AU PROCES

Lors de la rédaction du Statut de la CPI[23] et, par la suite, de son RPP[24], un débat houleux opposa les délégations émanant des deux grands systèmes judiciaires du droit continental et de la *Common Law* sur la qualité de partie de la victime. Farouchement opposées à tout rôle prépondérant de la victime dans le procès pénal international, les délégations de la *Common Law* soutinrent, à l'image du TPIY et du TIPR dont les RPP précisaient qu'il n'y avait de parties au procès que le procureur et l'accusé[25], que les textes fondamentaux de la CPI ne pouvaient accorder une telle place à la victime, ce à quoi s'opposèrent vigoureusement les autres délégations.

Ce débat renvoya dos à dos les protagonistes qui, soucieux néanmoins de voir aboutir leurs travaux, finirent par adopter des textes qui sont "le fruit d'un compromis très difficilement arraché où chaque Etat a glissé ses petits mots, ses petites périphrases et ses virgules"[26]. Le résultat d'un tel compromis donne un Statut[27] et un RPP[28] qui mentionnent, à plusieurs reprises, le mot "partie(s)" sans le définir ni préciser à quel acteur du procès il s'applique.

---

[23] V. BOURDON W. et DUVERGER E., *La Cour pénale internationale. Le statut de Rome*, Seuil, Paris, 2000, p. 203.

[24] V. BITTI G., "Commentaire (sur l'intervention de Anne-Marie La Rosa)", in RUIZ FABRI H. et SOREL J.-M. (dir.), *Le tiers à l'instance devant les juridictions internationales*, Pedone, Paris, 2005, p. 198.

[25] Art. 2 des RPP du TPIY et du TPIR.

[26] JORDA C., "Le juge et le politique", interview, in *Confluences Méditerranée*, n° 64, hiver 2007-2008, p. 10.

[27] Art. 50-3, 57-3-e, 64-3-a, 64-5, 64-6-d, 64-8-b, 64-9, 69-3, 82-1 et 84-2-c.

[28] Règles 7-3, 17-2-a-iv, 18-b, 34-1-a, 34-1-b, 34-1-c, 41-a, 63-3, 81-1, 84, 87-2-c, 101-2, 113-2, 132-2, 134-1, 135-1, 135-3, 140-2-a, 152-1, 155-1, 156-5 et 157.

Il était, dès ce moment, prévisible qu'une controverse doctrinale naîtrait de cette question que les géniteurs de la Cour préférèrent, faute d'accord, laisser à l'appréciation des juges. Pour prendre part à ce débat et tenter de situer la place de la victime dans le procès pénal international, il est important d'identifier clairement, au regard des textes fondamentaux de cette Cour, les différentes parties au procès (chapitre I). Une telle démarche permettra alors de s'interroger si la victime en est une (chapitre II).

Chapitre I

Les parties au procès

Entendu comme acteur du procès, le terme partie est, nous l'avons dit, abondamment utilisé aussi bien par le Statut que le RPP. Ces textes n'ayant, ni défini ce terme, ni précisé quels sont les acteurs auxquels cette épithète pouvait être attribuée, l'identification de ces parties (section 1) et la détermination des phases de procédure dans lesquelles elles interviennent (section 2) constituent des préalables nécessaires à toute étude de la place de la victime parmi elles.

Section 1 : L'identification des parties

Si le Statut et le RPP sont muets sur la définition des parties, un examen attentif de ces textes révèle qu'au regard du caractère pénal du procès engagé devant la Cour, deux acteurs peuvent, sans difficulté, être qualifiés de parties : l'accusation et la défense (§. 1.). Ceci étant précisé, l'on s'interrogera si d'autres acteurs de ce procès méritent de porter l'épithète de parties (§. 2.).

§. 1. L'accusation et la défense

Le procès engagé devant la Cour est essentiellement répressif[29] et met aux prises l'accusation, représentée par le procureur, et la défense, c'est-à-dire, suivant le stade de procédure, le suspect ou l'accusé. Il n'existe point de procès pénal possible sans la présence de ces deux acteurs-clés. C'est donc indéniablement d'eux qu'il est question lorsque le Statut parle de parties, particulièrement en matière d'administration de la preuve[30]. La règle 134-1 du RPP est davantage explicite à ce sujet :

> *Avant le déroulement du procès, la Chambre de première instance peut, d'office ou à la demande du Procureur ou de la défense, statuer sur toute question concernant le déroulement de la procédure. Toute requête du Procureur ou de la défense est présentée par écrit et, à moins qu'elle n'ait pour objet une procédure ex parte, elle est communiquée à **l'autre partie**. **L'autre partie** a la possibilité de présenter une réponse à toute requête n'ayant pas pour objet une procédure ex parte*[31].

Cette disposition est d'une clarté qui ne laisse planer aucun doute sur la qualité de parties du procureur et de la défense. Chacun des deux, qualifié de partie, a, en effet, le droit, en toute matière concernant le déroulement de la

[29] La CPI, comme l'indique son nom, est une juridiction essentiellement répressive, même si elle ne statue pas exclusivement sur l'action publique. La position de Gilbert Bitti, selon laquelle la CPI est "une Cour qui comprend en fait 'trois cours différentes' : une Cour internationale, une Cour pénale et une Cour civile'" (BITTI, G., *op. cit.*, p. 191), est donc excessive, l'objet principal de cette Cour étant de connaître des crimes internationaux (art. 1 du Statut).

[30] Art. 64-6-d ; 64- 8-b et 64-9-a.

[31] Le texte original n'est pas souligné. Le soulignement des mots "partie(s)" et "participant(s)" dans les citations à venir est de nous.

procédure, de prendre des écritures en demande ou en réponse, exception faite des procédures *ex parte*. Si le Statut et le RPP sont assez clairs sur la qualité de ces deux parties, il en va autrement des autres acteurs du procès.

§. 2. Les autres acteurs du procès

La question qui se pose ici est celle de savoir s'il existe d'autres parties au procès en dehors du procureur et de la défense. Le Statut et le RPP ne donnent pas une réponse explicite à ce sujet. Peut-on en conclure que ces textes ne reconnaissent la qualité de parties qu'à ces deux acteurs du procès pénal ?

Sans anticiper sur le débat autour de la qualité de partie de la victime, il est important, pour tenter de répondre à cette question, de chercher à connaître les traits caractéristiques d'une partie au procès. Celle-ci est, en effet, un acteur-clé d'une procédure dans laquelle elle intervient en demande ou en défense, dans le but d'obtenir du juge qu'il tranche un litige en sa faveur ou, à tout le moins, contre son adversaire.

Pour ce faire, elle est appelée à présenter ses moyens de défense, en administrant, si besoin est, des preuves de nature à les sous-tendre. Elle est gagnante si ses moyens sont admis, et succombante dans le cas contraire, auquel cas elle peut diligenter les voies de recours organisés. Les demandeurs (I) et défendeurs (II) d'une instance sont donc nécessairement parties à celle-ci.

I. Les demandeurs

La partie demanderesse est toute personne, physique ou morale, qui met en mouvement une action, soit à titre principal (A), soit à titre incident (B).

A. Les demandeurs principaux

La personne, physique ou morale, qui met une action en mouvement, est forcément partie à celle-ci, dans la mesure où elle – et elle seule – est amenée à soutenir sa demande contre le ou les défendeurs désignés, nul ne pouvant plaider par procureur. Cette qualité de partie est essentielle dans la mesure où elle lui permet de participer à l'ensemble de la procédure et, ainsi, de prouver par toutes voies de droit la pertinence de sa demande.

Dans le cadre de la CPI, un Etat qui se voit notifier par le procureur le déférement d'une situation ou l'ouverture d'une enquête peut, dans le mois qui suit cette notification, informer la Cour qu'il ouvre ou a ouvert une enquête sur ses ressortissants ou d'autres personnes sous sa juridiction pour les mêmes faits. Dans ce cas, il peut demander et obtenir du procureur que lui soit déféré le soin de l'enquête sur ces personnes.

En cas de désaccord entre cet Etat et le procureur, c'est la Chambre préliminaire qui est appelée à trancher ce conflit de compétence. Elle autorisera alors ou non ce dernier à diligenter l'enquête lui-même[32].

---

[32] Art. 18- 1 et 18-2 du Statut.

Par ailleurs, dans l'hypothèse où l'enquête est confiée au procureur, il peut arriver que l'Etat Partie sur le territoire duquel doit se dérouler tout ou partie de l'enquête ne soit pas en mesure de coopérer. Dans ce cas, la Chambre préliminaire peut autoriser le premier à prendre certaines mesures sur le territoire du second sans s'être assuré de sa coopération[33].

Qu'il s'agisse du conflit de compétence ou de l'absence de coopération, il est indéniable que l'Etat concerné et le procureur sont parties au procès devant la Chambre préliminaire, chacun étant appelé à développer des moyens susceptibles d'emporter la conviction de la Cour, soit pour lui accorder le monopole de l'enquête, soit pour lui permettre de passer ou non outre la coopération judiciaire. Cette qualité de partie au procès est encore manifeste en matière d'appel.

En effet, dans un cas comme dans l'autre, l'Etat intéressé a la possibilité de contester la décision de la Chambre préliminaire devant la Chambre d'appel[34]. Or la règle 156-5 du RPP dispose qu' "au moment du dépôt de l'acte d'appel, la *partie* appelante peut demander que l'appel ait un effet suspensif, conformément au paragraphe 3 de l'article 82". Il s'ensuit que, dans les deux cas sous examen, l'Etat concerné ou le procureur, qui interjettent appel contre la décision de la Chambre préliminaire, sont bel et bien parties au procès devant la Chambre d'appel. Ils revêtent cette qualité pour la bonne et simple raison qu'en l'espèce, ils sont demandeurs principaux. En serait-il autrement s'ils étaient demandeurs sur incident?

---

[33] Art. 57-3-d du Statut.
[34] Art. 18- 4 et 82-2 du Statut.

B. Les demandeurs sur incident

Le demandeur sur incident est, en principe[35], défendeur à l'action originaire. Il soulève, *in limine litis* ou en cours de procédure, une exception tendant à paralyser l'instance ou à retarder l'issue du procès. En créant cet incident de procédure, il devient demandeur sur incident en vertu du principe tiré de l'adage *"in excipiendo reus fit actor"*.

Une exception suppose donc nécessairement l'existence d'une action. C'est ainsi que l'article 19-9 du Statut dispose qu' "une *exception* n'entache en rien la validité de toute *action* du Procureur ou de toute ordonnance rendue ou de tout mandat délivré par la Cour avant que l'exception ait été soulevée"[36].

Dans la phase de l'affaire, le Statut autorise certains acteurs à soulever des exceptions d'irrecevabilité ou d'incompétence. Il s'agit de l'accusé, de l'Etat Partie compétent ou de l'Etat non Partie, qui doit avoir accepté la compétence de la Cour selon l'article 12, et qui revendique une compétence *ratione loci* ou *ratione materiae*[37].

Selon qu'elles sont soulevées avant ou après la confirmation des charges, ces exceptions relèvent de la compétence de la Chambre préliminaire ou de la Chambre de première instance[38]. Devant ces deux Chambres, il va de soi que les demandeurs sur incident susmentionnés sont bel et bien parties au procès, puisque l'exception soulevée ne

[35] La situation de la CPI est cependant particulière puisque l'Etat qui soulève une exception d'incompétence dans la phase de la situation n'est pas encore partie à l'action publique originaire mise en mouvement par le procureur.

[36] C'est nous qui soulignons.

[37] Art. 19-2 du Statut.

[38] Art. 19-6 du Statut.

peut prospérer que dans la mesure où son demandeur est à même de la soutenir contre son adversaire.

Ici également, c'est la Chambre d'appel qui est compétente pour connaître des contestations nées des décisions de la Chambre préliminaire ou de la Chambre de première instance[39]. Comme démontré dans le point A précédent, l'accusé, la personne objet d'un mandat ou d'une citation, ou encore tout Etat concerné, qui interjettent appel contre une décision de la Chambre préliminaire ou de la Chambre de première instance rejetant une exception d'irrecevabilité ou d'incompétence, sont qualifiés de *parties appelantes* en vertu de la règle 156-5 du RPP.

C'est donc leur qualité de demandeurs en appel qui leur confère celle de parties appelantes. Qu'en serait-il s'ils étaient défendeurs ?

II. Les défendeurs

Dans sa mission de dire le droit, le juge est appelé à trancher un litige né entre au moins deux personnes, soumis à sa connaissance par le ou les demandeurs contre un ou plusieurs défendeurs. Le litige soumis au juge suppose donc deux parties en conflit, le(s) demandeur(s) et le(s) défendeur(s).

Le défendeur, qu'il le soit à titre principal ou sur incident, est donc nécessairement partie au procès intenté contre lui. Ainsi, dans les cas examinés au point I ci-dessus, les exceptions d'irrecevabilité ou d'incompétence soulevées auront, comme partie défenderesse, le procureur dont le bureau est "chargé de recevoir les communications et tout

[39] Art. 19-6 du Statut.

renseignement dûment étayé concernant les crimes relevant de la compétence de la Cour, de les examiner, de conduire les enquêtes et de soutenir l'accusation devant la Cour"[40].

En revanche, si c'est le procureur qui prend l'initiative de saisir la Chambre préliminaire pour l'autoriser à mener une enquête en lieu et place d'un Etat compétent[41] ou à prendre des mesures d'enquête sur le territoire d'un Etat Partie sans s'être assuré de la coopération de celui-ci[42], il va de soi que l'Etat concerné sera appelé devant cette Chambre en qualité de partie défenderesse.

La procédure d'appel permet de cerner davantage la notion de partie dans cette phase de procédure. En effet, la Règle 155-1 dispose :

> *Lorsqu'une* ***partie*** *souhaite faire appel d'une décision visée à l'alinéa d) du paragraphe 1 ou au paragraphe 2 de l'article 82, elle doit, dans un délai de cinq jours à compter de la date à laquelle la décision a été portée à sa connaissance, présenter à la Chambre qui a rendu cette décision une requête écrite exposant les motifs pour lesquels elle sollicite l'autorisation d'interjeter appel.*

Or les contestions visées dans cette disposition concernent, notamment, la décision de la Chambre préliminaire visée à l'article 57-3-d[43], dont il est expressément stipulé qu'elle est "susceptible d'appel de la part de l'Etat concerné ou du Procureur, avec l'autorisation de la Chambre préliminaire"[44]. Il est donc patent que la

---

[40] Art. 42-1 du Statut.
[41] Hypothèse prévue à l'art. 18-2 du Statut.
[42] Situation prévue à l'art. 57-3-d.
[43] Il s'agit ici de la décision par laquelle la Chambre préliminaire autorise le procureur à prendre certaines mesures d'enquête sur le territoire d'un Etat Partie sans s'assurer de la coopération de ce dernier.
[44] Art. 82-2 du Statut.

partie dont il est question à la Règle 155-1 sous examen ne peut être que le procureur ou l'Etat concerné, selon que la Chambre préliminaire décide ou non d'autoriser l'enquête sur le territoire de cet Etat sans sa coopération.

Quel est, dans ce cas, le sort de l'adversaire en cas d'appel ? Peut-il être considéré comme partie au procès devant le juge d'appel ? A cette question, il convient, évidemment, de répondre par l'affirmative, puisque seule cette qualité est à même de lui permettre de défendre, à armes égales, la décision qu'il a remportée devant le premier juge. A preuve, en cas de désistement de son appel par la partie appelante, la Règle 157 prescrit que "le Greffier en informe *les autres parties*"[45].

Il suit de tout ce qui précède que l'accusation et la défense ne sauraient être qualifiées de seules parties au procès. Un Etat sur le territoire duquel la Cour a décidé que le procureur mène ou non une enquête sans s'être assuré de sa coopération l'est aussi, à coup sûr. La question qu'il convient à présent de se poser est celle de savoir dans quelle phase de procédure interviennent toutes ces parties.

---

[45] La question de savoir quelles sont toutes ces parties sera débattue plus loin. Il suffit de noter, à ce stade, que le procureur et l'Etat concerné en font partie.

Section 2 : Les phases de procédure devant la Cour

Le mot "partie", entendu comme acteur du procès pénal, est utilisé dans le Statut pour la première fois à l'article 50-3, qui dispose qu' "à la demande d'une *partie* à une procédure ou d'un État autorisé à intervenir dans une procédure, la Cour autorise l'emploi par cette *partie* ou cet État d'une langue autre que l'anglais ou le français si elle l'estime justifié". Ce problème linguistique peut se poser dès la phase de la situation (§.1.) dans laquelle interviennent les Etats intéressés[46]. La dernière disposition du Statut contenant le même mot est l'article 84-2-c qui traite de l'évocation en matière de révision d'une décision sur la culpabilité ou la peine. Elle intervient donc dans la phase de l'affaire (§.2.).

§. 1. La phase de la situation

Avant d'aller plus loin dans l'étude des parties pouvant intervenir dans cette phase du procès (II), il convient de s'attarder quelque peu sur la notion même de situation (I).

I. Notion de situation

La notion de *situation* est une innovation qu'aucune autre juridiction pénale internationale n'a connue. Dans le langage de la Cour, elle s'entend de la phase d'enquête préliminaire au cours de laquelle la Cour est appelée à se prononcer si une situation se présentant dans un pays donné à un moment donné comporte des faits susceptibles de rentrer dans sa

---

[46] Art. 18 du Statut.

sphère de compétence. C'est une phase de procédure *matérielle et objective*, la Cour examinant une situation et non des faits précis reprochés à une ou plusieurs personnes déterminées.

La phase de la situation comprend deux étapes. La première, appelée *examen préliminaire*, voit le procureur décider d'enquêter et mener une enquête préliminaire sur une situation qui lui a été déférée par un Etat Partie[47] ou par le Conseil de sécurité des Nations Unies[48], ou encore de sa propre initiative[49] à la suite des renseignements reçus concernant des crimes relevant de la compétence de la Cour[50].

Une fois qu'il a réuni suffisamment d'éléments pour exercer l'action publique, le procureur saisit la Chambre préliminaire d'une demande tendant à obtenir délivrance d'un mandat d'arrêt ou d'une citation à comparaître contre une ou des personnes bien identifiées au cours de son enquête[51]. Cette étape, au cours de laquelle la Cour examine l'opportunité de faire comparaître ces personnes devant elle, est appelée la *phase préliminaire*.

La phase de la situation prend fin dès qu'un mandat d'arrêt a été décerné ou une citation à comparaître délivrée contre la ou les personnes concernées. La question qui se pose ici est de savoir quelles sont les parties qui interviennent dans cette phase de procédure.

---

[47] Cas des situations en RDC, en RCA et en Ouganda.

[48] Cas de la situation au Soudan concernant le Darfour.

[49] A ce jour, le procureur n'a jamais diligenté une enquête *motu proprio*, ce qui paraît surprenant au regard des violations graves du droit international humanitaire à travers le monde, particulièrement au Kenya après l'élection présidentielle du 27 décembre 2007.

[50] Dans cette dernière hypothèse, l'ouverture de l'enquête est subordonnée à l'autorisation de la Chambre préliminaire.

[51] Art. 58-1 et 58-7 du Statut.

II. Les parties intervenant dans la phase de la situation

La lecture de l'article 50-3 du Statut nous a permis de constater que les parties peuvent intervenir dès la phase de la situation. Mais cette disposition semble faire une démarcation entre parties et Etats concernés. D'où la question de savoir si un Etat intervenant dans ce stade ne peut être considéré comme partie au procès. Une réponse négative devrait être réservée à cette question.

En effet, c'est au cours de cette phase que la Chambre préliminaire au premier degré, et la Chambre d'appel au second, sont notamment appelées à trancher les contestations nées en matière de compétence, de recevabilité et de coopération judiciaire. Nous avons, à cette occasion, démontré que, tant au premier degré qu'au degré d'appel, la Cour tranchait un litige opposant deux parties au procès, en l'occurrence, le procureur et l'Etat concerné[52].

Qu'en est-il de la défense ? Ici, la défense n'est pas encore partie au procès, pour la bonne et simple raison qu'elle est inexistante. Rappelons, en effet, qu'à ce stade, la Cour examine une situation donnée, et non des griefs précis dirigés contre des personnes déterminées.

Certes, la Cour peut prendre, d'office ou à la requête du procureur, des mesures conservatoires de nature à assurer la protection des "droits de la défense". Mais il s'agit là d'une défense à venir, que le Statut qualifie de "défense au cours du procès"[53], c'est-à-dire dans la phase de l'affaire.

---

[52] V. supra, pp. 32-33.

[53] Art. 56-3-a. Gilbert Bitti utilise ici l'heureuse expression de "partie potentielle (et future) à l'instance pénale" (BITTI G., *op. cit.*, p. 194).

§. 2. La phase de l'affaire

Pour une meilleure compréhension du sujet, il échet, d'abord, de donner quelques généralités sur cette notion (I), ce qui nous permettra d'identifier plus clairement les différentes parties concernées par cette phase de procédure (II).

I. Généralités sur l'affaire

A. Notion

La phase de l'affaire débute avec l'émission d'un mandat d'arrêt ou la délivrance d'une citation à comparaître. Ces actes de procédure sont, bien entendu, dirigés contre des personnes précises contre lesquelles, après enquête préliminaire, il y a des motifs raisonnables de croire qu'elles ont commis un crime relevant de la compétence de la Cour.

Une situation peut donc engendrer plusieurs affaires selon que l'enquête aura déterminé l'existence de plusieurs crimes reprochés à des personnes différentes. Aussi la situation en RDC a-t-elle donné lieu aux affaires opposant le procureur respectivement à Thomas Lubanga Dyilo[54], à Bosco Ntaganda[55], à Germain Katanga[56] et à Mathieu Ngudjolo Chui[57].

La Cour peut, si deux ou plusieurs affaires présentent des liens de connexité, ordonner leur jonction pour une bonne administration de la justice. C'est dans ce contexte que les

---

[54] N° ICC-01/04-01/06.
[55] N° ICC-01/04-02/06.
[56] N° ICC-01/04-01/07.
[57] N° ICC-01/04-02/07.

affaires Germain Katanga et Mathieu Ngudjolo Chui furent jointes par décision de la Chambre préliminaire I en date du 10 mars 2008[58].

Dans ce cas, un dossier est transféré en tout ou en partie dans l'autre sur ordonnance de la chambre compétente[59], et les accusés jugés ensemble, à moins que la chambre n'en décide autrement[60]. Les dossiers ainsi joints constitueront une affaire unique qui connaîtra toutes les étapes prévues pour les affaires examinées par la Cour.

B. Les étapes de l'affaire

La phase de l'affaire comprend, elle aussi, deux étapes : l'étape préparatoire *(1)* et l'étape du procès *(2)*.

1) L'étape préparatoire

L'étape préparatoire est celle au cours de laquelle la Chambre préliminaire est appelée à confirmer les charges qui pèsent sur le suspect, après s'être assuré que les droits de ce dernier ont bien été respectés et avoir statué sur toutes questions relatives à la détention et à la liberté provisoire. Au cours de cette étape, la Chambre préliminaire peut prendre, d'office ou à la requête du procureur ou de la personne concernée, toutes mesures de nature à soutenir l'enquête et à garantir les droits de la défense ainsi que ceux des victimes et des témoins. Elle peut, à cet effet, prendre toutes mesures ou rendre toutes ordonnances de nature à

---

[58] Ch. prél. I, 10/03/2008, ICC-01/04-01/07-307, *Decision on the Joinder of the Cases against Germain Katanga and Mathieu Ngudjolo Chui.*

[59] Norme 22 du Règlement du Greffe.

[60] Règle 136 RPP.

faciliter l'enquête du procureur, à permettre au suspect de préparer sa défense ou à assurer la protection et le respect de la vie privée des victimes et témoins[61].

L'étape préparatoire prend fin avec la tenue d'une audience au cours de laquelle la Chambre préliminaire est appelée à confirmer les charges sur lesquelles le procureur entend se fonder pour requérir le renvoi du suspect en jugement. C'est l'audience dite de confirmation des charges. Plusieurs possibilités s'offrent à la Chambre préliminaire à l'issue de cette audience. Elles sont prévues à l'article 61-7 qui dispose :

> *À l'issue de l'audience, la Chambre préliminaire détermine s'il existe des preuves suffisantes donnant des motifs substantiels de croire que la personne a commis chacun des crimes qui lui sont imputés. Selon ce qu'elle a déterminé, la Chambre préliminaire :*
>
> *a) Confirme les charges pour lesquelles elle a conclu qu'il y avait des preuves suffisantes et envoie la personne devant une chambre de première instance pour y être jugée sur la base des charges confirmées ;*
>
> *b) Ne confirme pas les charges pour lesquelles elle a conclu qu'il n'y avait pas de preuves suffisantes ;*
>
> *c) Ajourne l'audience et demande au Procureur d'envisager :*
>
> *i) D'apporter des éléments de preuve supplémentaires ou de procéder à de nouvelles enquêtes relativement à une charge particulière ; ou*
>
> *ii) De modifier une charge si les éléments de preuve produits semblent établir qu'un crime différent, relevant de la compétence de la Cour, a été commis.*

61 Art. 57-3 du Statut.

Il suit de cette disposition statutaire que la Chambre préliminaire peut, soit examiner la requête du procureur au fond (a), soit, tout simplement, ajourner l'audience (b).

a) Examen au fond

Examinant la requête du procureur au fond, la Chambre préliminaire peut l'admettre ou la rejeter. L'admission de la requête peut être totale ou partielle.

Elle est totale si toutes les charges retenues contre le suspect viennent à être confirmées. Ainsi, dans l'affaire opposant le procureur à Thomas Lubanga Dyilo, la Chambre préliminaire I a, par décision en date du 29 janvier 2007, confirmé totalement les charges retenues contre ce suspect en ces termes : "Il existe des preuves suffisantes donnant des motifs substantiels de croire que du début du mois de septembre 2002 au 13 août 2003, Thomas Lubanga Dyilo a engagé sa responsabilité pénale en qualité de coauteur au sens de l'article 25-3-a du Statut pour les crimes visés à la Section IV de la présente décision"[62], en l'espèce le fait de procéder à la conscription ou à l'enrôlement d'enfants de moins de 15 ans dans les forces armées ou dans des groupes armés ou de les faire participer activement à des hostilités.

Il y a confirmation partielle lorsque la chambre préliminaire ne confirme que certaines charges tout en en rejetant d'autres. Ainsi, dans l'affaire opposant le procureur à Germain Katanga et à Mathieu Ngudjolo Chui, la même Chambre a, "sur la base des éléments de preuve admis aux fins de l'audience de confirmation, (confirmé) qu'il existe

---

[62] Ch. prél. I., 29.01.2007, ICC-01/04-01/06-803, aff. Le procureur c/ Thomas Lubanga Dyilo, *Décision sur la confirmation des charges*, par. 410, p. 129.

des preuves suffisantes donnant des motifs substantiels de croire (qu'ils) sont responsables, au sens de l'article 25-3-a du Statut, du chef de meurtre constitutif d'un crime contre l'humanité (…) ; d'homicide intentionnel (…) ; d'avoir fait participer des enfants activement à des hostilités (…) ; d'avoir intentionnellement dirigé des attaques contre la population civile du village de Bogoro ; de pillage (..) et de destructions de biens"[63]; (…) mais aussi d'esclavage sexuel en tant que crime contre l'humanité ; d'esclavage sexuel en tant que crime de guerre ; de viol en tant que crime contre l'humanité et de viol en tant que crime de guerre[64].

En revanche, cette Chambre a refusé, "sur la base de l'article 61-7-b du Statut, de confirmer le chef de traitements inhumains en tant que crime de guerre punissable en vertu de l'article 8-2-a-ii du Statut (…), et le chef d'atteintes à la dignité des personnes en tant que crime de guerre punissable en vertu de l'article 8-2-b-xxxi du Statut"[65], mais aussi d'autres actes inhumains en tant que crime de guerre punissable en vertu de l'article 7-1-k du Statut[66]. Les intéressés furent donc renvoyés devant la Chambre de première instance pour y répondre uniquement des charges confirmées.

Si la Chambre détermine qu'il n'existe pas de preuves suffisantes donnant des motifs substantiels de croire que le suspect a commis chacun des crimes qui lui sont imputés, elle peut rejeter purement et simplement la requête du procureur. Elle ne peut le faire que si elle dispose de tous les

---

[63] Ch. prél. I., 30/09/2008, ICC-01/04-01/07-717-tFRA, aff. Le procureur c/ Germain Katanga et Mathieu Ngudjolo Chui, *Décision sur la confirmation des charges*, pp. 224-225.
[64] *Id.*, p. 225.
[65] *Id.*, pp. 225-226.
[66] *Id.*, p. 227.

éléments susceptibles de lui permettre de se déterminer. Dans le cas contraire, elle ajournera l'audience.

b) Ajournement de l'audience

Il peut arriver qu'au terme de l'audience de confirmation des charges, la Chambre préliminaire ne soit pas en mesure de statuer directement au fond sur la requête du procureur, de sorte que seul un ajournement de l'audience pourra permettre à l'affaire d'être en état d'être jugée. Deux cas de figure se présentent ici.

Le premier concerne l'insuffisance technique du dossier de l'accusation qui ne permet pas, en l'état, à la Chambre de se prononcer sur les charges retenues contre le suspect. Dans ce cas, l'ajournement aura pour but de permettre au procureur "d'apporter des éléments de preuve supplémentaires ou de procéder à de nouvelles enquêtes relativement à une charge particulière"[67].

Le deuxième cas de figure concerne une mauvaise application du Statut, lorsqu'il apparaît à la Chambre que les charges telles que retenues semblent relever d'une incrimination différente de celle retenue par le procureur. Dans ce cas, tout en ajournant l'audience, la Chambre demandera au procureur de modifier la ou les charges concernées.

C'est ainsi que, statuant dans l'affaire opposant le procureur à Jean-Pierre Bemba Gombo, la Chambre préliminaire III décida, en date du 3 mars 2009, d'ajourner l'audience. Elle demanda alors au procureur "d'envisager de lui soumettre, au plus tard le 30 mars 2009, une version modifiée du document de notification des charges qui

[67] Art. 61-7-c-i du Statut.

étudierait la possibilité de retenir la forme de responsabilité pénale prévue à l'article 28 du Statut, accompagnée d'un tableau d'analyse approfondie établi sur la base des éléments de preuve déjà présentés à la Chambre"[68].

La confirmation des charges, qu'elle intervienne au terme de l'audience initiale ou après ajournement, a comme corollaire le renvoi du suspect, qui devient ainsi accusé, devant une chambre de première instance pour y être jugé sur les charges confirmées. Le procès proprement dit peut alors commencer.

2) *L'étape du procès*

Devant une juridiction répressive, l'étape du procès proprement dit est celle au cours de laquelle la juridiction saisie est appelée à connaître des mérites de l'action publique et à statuer sur d'éventuels intérêts civils. C'est la phase cruciale de la procédure puisque le juge doit se prononcer sur la culpabilité ou l'innocence du prévenu ou de l'accusé, avant de se prononcer sur les demandes de réparations éventuelles.

Devant la CPI, c'est à la chambre de première instance qu'incombe, au premier degré, la tâche de se prononcer sur la culpabilité ou l'innocence de l'accusé et les demandes de réparations des victimes. Trois principaux acteurs sont engagés au plus haut point dans cette phase de procédure : le procureur qui soutient l'accusation, les victimes cherchant à exprimer leurs vues et préoccupations et, plus tard, à obtenir réparation, et l'accusé, qui se défend aussi bien contre les

---

[68] Ch. prél. III, 03/03/2009, ICC-01/05-01/08-388-tFRA , situation en République centrafricaine, aff. Le procureur c/ Jean-Pierre Bemba Gombo, *Décision portant ajournement de l'audience conformément à l'article 61-7-c-ii du Statut de Rome*, p. 21.

charges retenues contre lui que contre les allégations des victimes.

En dehors de ces trois acteurs principaux, d'autres protagonistes du procès interviennent à divers titres. Ainsi en est-il des *amici curiae*, des témoins et experts ainsi que d'autres organes relevant de la Cour. Quels sont, dans ce foisonnement de "participants", les protagonistes qualifiés de parties ?

II. Les parties intervenant dans la phase de l'affaire

Il s'agit ici d'identifier les parties au procès dans la phase de l'affaire. Pour ce faire, il convient de distinguer selon que l'on se trouve dans l'étape préparatoire (A) ou dans celle du procès proprement dit (B).

A. Dans l'étape préparatoire

Rappelons que l'étape préparatoire va de l'émission d'un mandat d'arrêt ou la délivrance d'une citation à comparaître à l'audience de confirmation des charges. Deux situations peuvent se présenter ici, selon que le suspect a été *(1)* ou non *(2)* l'objet de l'un de ces deux actes de procédure.

1) Le suspect a fait l'objet d'un mandat d'arrêt ou d'une citation à comparaître

La personne objet du mandat d'arrêt ou de la citation à comparaître peut-elle être considérée comme partie au procès ? A cette question, il convient de répondre par l'affirmative. Car cette personne peut soulever une exception d'irrecevabilité ou d'incompétence devant la Chambre préliminaire[69] et attaquer la décision subséquente par voie d'appel si elle venait à être déboutée[70].

Or, comme relevé précédemment[71], une telle exception est soulevée pour faire échec à l'action originaire, qui est l'action publique mue par le procureur[72]. Il s'agit donc ici, contrairement à ce qu'affirme Gilbert Bitti[73], d'une instance pénale au cours de laquelle le juge pénal international examine sa compétence ou la recevabilité d'une affaire avant de statuer au fond. La même situation se présente, en droit interne, lorsque le juge pénal, civil ou administratif est appelé à statuer, avant dire droit, sur une exception soulevée *in limine litis* ou en cours d'instance. On ne peut, sans excès, soutenir que les débats relatifs à une telle exception se tiennent dans le cadre d'une instance de nature différente de celle portant sur l'action originaire.

Cette instance pénale devant la CPI met aux prises le

---

[69] Art. 19-2-a du Statut.
[70] Art. 19-6 du Statut.
[71] V. supra, pp. 33-34.
[72] Art. 19-9 du Statut.
[73] L'auteur soutient, à tort, que "l'instance ici n'est en aucune façon pénale, puisqu'elle ne vise pas à décider du bien-fondé d'une accusation en matière pénale, mais elle aboutit à une décision concernant la responsabilité internationale de l'Etat" (BITTI G., *op. cit.*, p. 192.).

procureur et la défense. Tous les deux peuvent donc, à n'en point douter, être qualifiés de parties au procès.

Outre les exceptions d'irrecevabilité ou d'incompétence, le suspect peut aussi, s'il a été arrêté ou a comparu sur citation, saisir la Chambre préliminaire d'une demande d'acte destinée à protéger les droits de la défense[74]. Ainsi, lorsque le suspect a fait l'objet d'un mandat ou d'une citation à comparaître, il joue un rôle actif dans la défense de ses intérêts. Il est donc partie à cette phase du procès qui ne saurait avoir lieu sans lui. Il en va cependant autrement s'il n'a pas encore fait l'objet de l'un de ces deux actes de procédure.

2) *Le suspect n'a pas fait l'objet d'un mandat d'arrêt ou d'une citation à comparaître*

Le Statut reconnaît à la personne objet d'une enquête un certain nombre de garanties visant à protéger les droits de la défense[75]. En dehors de la possibilité qui lui est offerte de récuser un juge[76], le procureur et ou un procureur adjoint[77], elle a un rôle passif dans la procédure. Elle ne peut ni soulever une exception de procédure ni faire une demande d'acte, droits reconnus "à l'accusé ou à la personne à l'encontre de laquelle a été délivré un mandat d'arrêt ou une citation à comparaître (...)"[78] ou encore à "une personne qui a été arrêtée ou a comparu sur citation (...)"[79].

---

[74] *Statut de la Cour*, art. 57-3-b.
[75] *Id.*, art. 55.
[76] *Id.*, art. 41-2-b.
[77] *Id.*, art. 42-8-a.
[78] *Id.*, art. 19-2-a.
[79] *Id.*, art. 57-3-b.

A ce stade, les droits de la défense sont protégés par la Chambre préliminaire, soit à la requête du procureur[80], soit d'office[81]. Et, dans cette dernière hypothèse, seul le procureur est autorisé à attaquer la décision de la Chambre préliminaire par voie d'appel[82].

Certes, l'avocat de l'intéressé peut être autorisé à participer à la procédure. Néanmoins, comme nous le verrons plus loin, la participation à une procédure ne confère pas *ipso facto* la qualité de partie. Il suit de ce qui précède qu'une personne faisant simplement l'objet d'une enquête ne saurait être qualifiée de partie au procès. Elle n'acquerra cette qualité que quand un mandat ou une citation aura été décerné contre elle, ce qui lui permettra, plus tard, de participer au procès.

B. Dans l'étape du procès

Le procès proprement dit est, répétons-le, la phase de procédure au cours de laquelle la Chambre de première instance et la Chambre d'appel sont appelées, chacune en ce qui la concerne, à statuer principalement sur les mérites de l'action mue par le procureur. Celui-ci et la défense sont indéniablement parties dans cette phase de procédure.

A ce titre, ils participent aux conférences de mise en état pour donner leur avis sur le déroulement de la procédure[83]. Ils peuvent soulever, *in limine litis*, toute exception ou formuler toute observation sur la procédure antérieure. Ils peuvent, par la suite, soulever les mêmes exceptions et

---

[80] *Statut de la Cour*, art. 56-1-b.
[81] *Id.*, art. 56-3-a.
[82] *Id.*, art. 56-3-b.
[83] *RPP*, Règle 132.

présenter les mêmes observations, mais avec l'autorisation de la Chambre de première instance[84].

En dehors de ces aspects procéduraux, le procureur et la défense jouent un rôle déterminant dans la conduite du procès, notamment en concluant des accords en matière d'administration de la preuve. Ils peuvent ainsi, non seulement convenir de l'ordre et des modalités de la présentation des moyens de preuve devant la Chambre[85], mais aussi "que des faits invoqués dans les charges, la teneur d'un document, le témoignage attendu d'un témoin ou d'autres éléments de preuve ne sont pas contestés"[86]. Ils jouent également un rôle actif lors des débats et des dépositions des témoins en procédant à leur interrogatoire et contre-interrogatoire.

Au terme de l'instruction à l'audience, le procureur et la défense prennent des conclusions orales, la défense ayant toujours la possibilité de parler en dernier[87]. Ils ont la faculté, en cas de verdict de culpabilité, de provoquer une audience supplémentaire lorsqu'ils ont de nouvelles conclusions ou de nouveaux éléments de preuve pertinents pour la fixation de la peine[88]. La peine prononcée peut être attaquée par l'un et l'autre devant la Chambre d'appel[89].

Le procureur et la défense sont donc indéniablement parties au procès pénal international tant devant le premier juge que le juge d'appel. Mais la CPI ne connaît pas que de l'action publique mue par le procureur. Elle est également compétente pour statuer, à titre subsidiaire, sur les intérêts civils, soit d'office, soit à la suite d'une demande en ce sens

---

84 *RPP*, Règle 133.
85 *Id.*, Règle 140-1.
86 *RPP*, Règle 69.
87 *RPP*, Règle 141-2.
88 Art. 76-2 du Statut.
89 Art. 81 du Statut.

faite par les victimes[90]. Peut-on alors considérer ces victimes comme parties au procès à l'instar du procureur et de la défense ?

[90] Art. 75-1 du Statut et Règle 95 du RPP.

Chapitre II

La victime, partie au procès ?

Si tout le monde s'accorde sur le fait que la victime est désormais un acteur-clé du procès pénal international"[91], les positions sont loin de converger en ce qui concerne sa place par rapport à l'accusation et à la défense, particulièrement sur la question de savoir si elle peut être considérée comme partie au procès à l'instar de ces deux autres acteurs. Nous ferons un bref tour d'horizon des différentes thèses en présence (section 1) avant de donner la position de la Cour sur la question (section 2).

Section 1 : Exposé des thèses en présence

Un examen attentif des différentes positions soutenues sur la question permet de dégager deux différentes thèses. La première refuse de reconnaître à la victime la qualité de partie au procès à l'instar du procureur et de l'accusé, certains la considérant même comme un tiers à l'instance (§. 1.). Les tenants de la seconde thèse réfutent naturellement la première qu'ils jugent excessive, mais ne vont pas tous jusqu'à soutenir que la victime est une partie au procès (§. 2.).

---

[91] V. à ce sujet, PHILIPPE X., "Vers une reconnaissance accrue de la place de la victime dans le procès pénal international ? : De Nuremberg au Statut de Rome… Aperçu général des règles applicables devant la CPI ", in PHILIPPE X. et VIRIOT-BARRIAL (dir.), *L'actualité de la justice pénale internationale*, actes du colloque organisé par le Centre de Recherche en Matière Pénale F. BOULAN, PUAM, Aix-en-Provence, 2008, p. 122. Dans le même sens, SCALIA D., "La place des victimes devant la CPI", in KOLB R., *Droit international pénal*, Bruylant/Bruxelles, Helbing Lichtenhann/Bâle, 2008, p. 340.

§. 1. La victime n'est pas une partie au procès

Un nombre considérable d'auteurs dénient à la victime la qualité de partie au procès devant la CPI. Deux tendances se dégagent cependant parmi eux. Une première tendance, plus radicale, considère la victime comme tierce à l'instance opposant l'accusation à la défense. Anne-Marie La Rosa en fait partie.

Abordant la notion de tiers à l'instance devant les juridictions pénales internationales, elle écrit : "Nous avons souhaité explorer la notion de tiers de la manière la plus extensive possible et avons retenu une définition qui n'exclut que les parties au sens strict du terme, soit le Procureur et l'accusé, ainsi que l'organe juridictionnel, tous trois qualifiés de protagonistes actifs de la procédure"[92]. Quant aux autres intervenants à la procédure, dont la victime, elle les qualifie de "personnes, physiques ou morales, qui ne répondent pas à la qualité de parties mais qui présentent un intérêt dans la procédure"[93].

Elle reprenait, en fait, la position déjà soutenue dans un précédent ouvrage où elle affirmait que "le Statut de la C.P.I. se réfère tant à la protection des droits et intérêts de la défense qu'à ceux des tiers intéressés, y compris les victimes"[94].

---

[92] LA ROSA A.-M., "Les tiers devant les juridictions pénales internationales", in RUIZ FABRI H. et SOREL J.-M. (dir.), *op. cit.*, p. 169. Considérer le juge, non plus comme un arbitre, mais plutôt comme une partie au procès au même titre que ceux qu'il est appelé à départager, relève d'une conception assez originale du fonctionnement de la justice, mais difficile à suivre.

[93] *Ibid.*

[94] LA ROSA A.-M., *Les juridictions pénales internationales. La procédure et la preuve.*, PUF, Paris, 2003, p. 65.

Une seconde tendance, plus modérée, ne voit pas en la victime un tiers à l'instance. Elle est, au contraire, considérée comme un protagoniste actif du procès pénal dont, cependant, elle n'est pas partie. Ainsi, pour Matthieu Jacquelin, "au sein des TPI comme de la CPI, la victime n'est pas techniquement conçue comme une partie : ce terme ne vise que la défense et le procureur"[95].

Le Professeur Xavier Philippe est, lui aussi, du même avis. Pour lui, en effet, "le Statut de la CPI offre un statut organisé de protection aux témoins et victimes. Ces derniers ne sont néanmoins pas des parties au procès"[96]. Il justifie cette position notamment par le fait que "les victimes ou leurs représentants ne peuvent appeler des témoins ou faire appel de la sentence"[97].

Claude Jorda et Jérôme de Hemptinne abondent dans le même sens. Tout en reconnaissant en la victime "a third protagonist to play an active role in the adversarial proceedings"[98], ils soutiennent, néanmoins, que "the victim does not become a true party to the trial in the sense of having rights and powers equivalent to those enjoyed by the prosecution or the defence"[99]. Ils n'en veulent pour preuve que le fait, notamment, que la victime dispose d'un droit limité de participation à la procédure. Car elle ne peut ni

---

[95] JACQUELIN M., "De l'ombre à la lumière : l'intégration contrôlée des victimes au sein de la procédure pénale internationale", in GIUDICELLI-DELAGE G. et LAZERGES C. (dir.), *La victime sur la scène pénale en Europe*, PUF, Paris, 2008, p. 184.

[96] PHILIPPE X., *op. cit.*, p. 128.

[97] *Id.*, note sous la référence n° 14, p. 122.

[98] JORDA C. et DE HEMPTINNE J., "The Status and The Role of the Victim", in CASSESE A., GAETA (P.) and JONES J.R.W.D (eds.), *The Rome Statute of the International Criminal Court : a commentary*, Oxford University Press, 2002, vol. 2, p.1399.

[99] *Id.*, p.1405.

avoir accès aux moyens de preuve rassemblés par les parties ni appeler un témoin à l'audience, pas plus qu'elle ne peut interjeter appel, encore moins présenter des arguments sur la culpabilité de l'accusé devant la Chambre d'appel[100]. Leur analyse perd cependant quelque peu en lisibilité lorsque, en même temps qu'ils affirment que "the victim is not formally a party to the proceedings"[101], ils proposent, par ailleurs : "It will be necessary to ensure that a victim may not simultaneously be a witness and a *party* in one and the same case"[102].

Il n'empêche, cependant, que cette position semble, devant la CPI, largement partagée aussi bien par la défense que l'accusation. Ainsi, dans un mémoire pris devant la Chambre d'appel en date du 11 mai 2007 dans l'affaire opposant le procureur à Thomas Lubanga Dyilo, Maître Patricia Annick Mongo, conseil de permanence de la défense, regrette que les victimes "affichent désormais la volonté à travers une interprétation extensive de l'article 68 alinéa 3, d'arracher le statut de partie au procès que les textes fondamentaux régissant la Cour ne leur accordent pas"[103]. Interprétant l'article 82 du Statut, elle soutient que seules les parties, en l'espèce le procureur et la défense, ont qualité pour intervenir en phase d'appel[104].

---

[100] JORDA C. et DE HEMPTINNE J., *op. cit.*, p. 1406.
[101] *Id.*, p. 1408.
[102] *Id.*, p. 1409.
[103] Ch. app., 11/05/2007, ICC-01/04-01/06, *Réponse à la demande des victimes a/0001/06, a/0002/06, a/0003/06 et a/0105/06 d'autorisation de participation à la procédure en appel de la décision de confirmation des charges*, aff. Le Procureur c/ Thomas Lubanga Dyilo, par. 25, p. 5.
[104] *Id.*, p. 6.

Cette position est aussi celle du BCPD. En effet, dans un mémoire pris en date du 10 janvier 2008 dans la situation en RDC, il affirme que "le recours prévu par l'article 82(1)(d) est à concevoir de manière restrictive et qu'une définition plus large du terme 'partie' irait à l'encontre de cette intention en ouvrant la procédure d'appel interlocutoire à un nombre incontrôlable d'acteurs concernés"[105].

On pouvait s'attendre à ce que le procureur, censé, depuis Nuremberg, être le porte-voix des victimes, vînt à leur rescousse dans le cadre de ce débat devant la CPI. Or, sur ce point, lui aussi fut du même avis que la défense.

En effet, s'agissant des conclusions orales et écrites des victimes, il soutint que celles-ci devraient être limitées aux questions ayant un effet direct sur leurs intérêts, certaines questions étant clairement réservées aux seules parties, en l'occurrence lui-même et la défense[106]. Il renchérit, dans la même affaire, "que la possibilité de produire des éléments de preuve au cours du procès est un droit réservé aux seules parties et que les victimes ne devraient avoir le droit de proposer des éléments de preuve que lors de la partie des audiences relative aux réparations ou encore lorsque la Chambre fixe des mesures de protection"[107].

---

[105] Ch. prél. I, 10/01/2008, ICC-01/04-433, *Réponse à "Prosecution's Application for Leave to Appeal the Single Judge's 24 December 2007, 'Décision sur les demandes de participation à la procédure déposées dans le cadre de l'enquête en République démocratique du Congo'" déposée le 7 janvier 2008*, note sous le paragraphe 9, p. 4.

[106] Ch. 1re inst. I, 18/01/2008, ICC-01/04-01/06-1119-tFRA, aff. Le Procureur c/ Thomas Lubanga Dyilo, *Décision relative à la participation des victimes*, par. 65, pp. 23-24.

[107] *Id.*, par. 67, p. 24.

Cette soudaine communauté d'intérêts entre la défense et de l'accusation, caractérisée par une propension à systématiquement s'opposer aux demandes de participation des victimes et à interjeter appel contre les décisions qui leur sont favorables, est assez atypique. Elle a fait dire à un représentant légal de victimes qu'on assistait, en la matière, à une "sorte d'alliance objective contre-nature entre l'Accusation et la Défense"[108]. Quoi de plus normal puisque seuls quelques représentants légaux des victimes soutiennent que la victime n'est pas tierce à l'instance ?

§. 2. La victime n'est pas tierce à l'instance

En dehors des représentants des victimes à la CPI[109], la thèse faisant des victimes parties au procès est très peu suivie, beaucoup préférant adopter une attitude plutôt neutre consistant à souligner l'importance du rôle de la victime sans se préoccuper de définir sa place au procès. Tel est le cas de Damien Scalia, dont la contribution porte pourtant sur "la place des victimes devant la CPI", qui se contente d'affirmer que "les victimes ont (...) une place relativement importante dans les procédures ouvertes devant la CPI"[110].

---

[108] Ch. prél. I, ICC-01/04-01/07, *Transcription d'audience du 27/06/2008, aff. le Procureur contre Germain Katanga et Mathieu Ngudjolo Chui*, par. 10-11, p. 56.

[109] Ainsi, lors du débat organisé le 12 mai 2008 à l'occasion du sixième séminaire des conseils de la CPI, Paolina Massidda, conseil principal du BCPV, devait soutenir que la victime était bel et bien partie au procès devant la CPI.

[110] SCALIA D., *op. cit.*, p. 340.

D'autres, plus prudents, préfèrent ne pas se prononcer en adoptant une attitude attentiste. Ainsi en est-il de Gilbert Bitti qui, d'entrée de jeu, récuse, comme ne pouvant s'appliquer à la CPI, la thèse soutenue par Anne-Marie La Rosa, "à savoir que devant le Tribunal pénal international pour l'ex-Yougoslavie, l'instance est pénale et que, dans une instance pénale, il y a deux parties, à savoir le Procureur et l'accusé"[111]. Cependant, devant la délicatesse de la question, il finit par s'en remettre à la prudence de la Cour : "La jurisprudence de la Cour aura bien des problèmes à résoudre"[112].

Section 2 : Position de la Cour

Les rédacteurs des textes fondamentaux de la CPI s'étant abstenus de se prononcer clairement sur la qualité de partie ou non de la victime, les juges de la Cour ne pouvaient échapper à la polémique qui grandissait autour de la question. La Cour a donc été confrontée à ce problème aussi bien dans sa fonction normative (§. 1.) que juridictionnelle (§. 2.)

§. 1. Le Règlement de la Cour

Le Règlement de la Cour a été adopté par les juges en date du 26 mai 2004. Il est entré en vigueur à la même date. Il a été amendé le 9 mars 2005. Un deuxième amendement a été adopté les 14 juin et 14 novembre 2007, avant d'entrer en vigueur le 18 décembre 2007.

---

[111] BITTI G., *op. cit.*, p. 191.
[112] *Id.*, p. 193.

Conscients de la délicatesse du sujet qui a renvoyé dos à dos les rédacteurs du Statut et du RPP, les juges ont, à l'occasion de la rédaction du Règlement de la Cour, cherché une solution de compromis pouvant éviter de blesser les susceptibilités des différents systèmes judiciaires représentés à la Cour. Il fallait donc à tout pris éviter l'emploi du mot "partie(s)" qui divisait.

A cet effet, ils ont joué aux équilibristes en le remplaçant par un terme fourre-tout : "participant(s)" ou, plus précisément, "participant(s) à la procédure". Ce terme ou expression pouvait ainsi désigner toute personne intervenant dans la procédure sans qu'il soit besoin de se préoccuper de sa qualité ou non de partie au procès. Ainsi la Norme 44, qui traite des experts, est-elle libellée :

> *1. Le Greffier dresse et tient à jour une liste d'experts qui est mise à la disposition permanente des organes de la Cour et de* ***l'ensemble des participants****. Les experts sont inscrits sur cette liste après qu'il ait été indiqué qu'ils possèdent l'expertise du domaine pertinent. Une personne peut demander à la Présidence de réexaminer une décision de refus du Greffier.*
>
> *2. La chambre peut ordonner* ***aux participants*** *de donner conjointement des instructions à un expert.*
>
> *3. Dès réception du rapport d'expertise préparé par l'expert auquel des instructions ont été données conjointement,* ***tout participant*** *peut demander à la chambre l'autorisation de faire intervenir un autre expert.*
>
> *4. La chambre peut, de sa propre initiative, donner des instructions à un expert.*
>
> *5. La chambre peut rendre toute ordonnance quant à l'objet d'un rapport d'expert, au nombre d'experts à faire intervenir, aux instructions qui leur seront données, à la présentation de leurs éléments de preuve ainsi qu'aux délais impartis pour la préparation et la notification de leur rapport.*

On peut aussi, dans le même ordre d'idées, citer la Norme 55, relative au pouvoir de la Chambre de première instance de modifier la qualification juridique des faits, dont l'alinéa 2 est rédigé comme suit :

> *Si, à un moment quelconque du procès, la chambre se rend compte que la qualification juridique des faits peut être modifiée, elle informe* ***les participants à la procédure*** *d'une telle possibilité et, après avoir examiné les éléments de preuve, donne en temps opportun aux* ***participants*** *la possibilité de faire des observations orales ou écrites. Elle peut suspendre les débats afin de garantir que les* ***participants*** *disposent du temps et des facilités nécessaires pour se préparer de manière efficace, ou, en cas de besoin, convoquer une audience afin d'examiner toute question concernant la proposition de modification.*

Ainsi, par cette astuce, la Cour est arrivée à adopter une attitude de neutralité, mettant dans le même lot tous les protagonistes du procès pénal que sont, notamment, le procureur, la défense, les victimes, les amici curiae, les Etats et le Conseil de sécurité. Mais ce répit ne sera que de courte durée puisque, face à l'ampleur grandissante du débat et à l'obligation juridique qu'elle avait de répondre aux moyens des "participants", la Cour se devait de se décider sur la qualité de parties au procès ou non des victimes comparaissant devant elle.

§. 2. Les décisions de la Cour

La position de la Cour sur la place de la victime dans le procès n'a pas toujours été claire. En effet, après avoir éludé la question pendant longtemps, elle finit par évoluer par rapport à son Règlement (I) avant de se prononcer clairement face à l'ampleur de la polémique entre les différents acteurs de la Cour (II).

I. Evolution par rapport au Règlement de la Cour

Alors que, dans son Règlement, la Cour n'a utilisé aucune fois le mot "partie(s)", préférant enfermer dans le terme "participants" tous les acteurs du procès pénal, elle dut, en fin de compte, évoluer et mentionner l'existence des "parties" au procès engagé devant elle. En effet, statuant en date du 29 janvier 2007 sur la confirmation des charges retenues contre le suspect Thomas Lubanga Dyilo, la Chambre préliminaire I consacra à la rubrique II-B-3 de sa décision un intitulé sans équivoque : "Contestations des *parties* s'agissant de l'admissibilité des éléments de preuve admis au fins (sic) de l'audience de confirmation des charges et de leur valeur probante"[113].

Sous cet intitulé, elle examina respectivement les "questions soulevées par la Défense"[114] et les "questions soulevées par l'Accusation"[115]. La Cour venait ainsi de reconnaître ouvertement que l'accusation et la défense étaient bien des parties au procès devant elle. Il s'agissait là d'une réelle avancée par rapport à son Règlement qui, on le sait, est resté muet sur la question.

On peut citer, dans le même ordre d'idées, l'ordonnance rendue en date du 13 décembre 2007 par la Chambre de première instance I. Traitant, entre autres, de "la mesure dans laquelle *les parties et participants* doivent préalablement notifier à la Chambre toute proposition de recours à une liaison audio ou vidéo pour les témoins"[116], elle précisa que

---

[113] Ch. prél. I, 29/01/2007, ICC-01/04-01/06-803, *Décision sur la confirmation des charges*, p. 2.

[114] *Id.*, p. 23.

[115] *Id.*, p. 40.

[116] Ch. 1re inst. I, 13/12/2007, ICC-01/04-01/06-1083-tFRA, aff. Le procureur c/ Thomas Lubanga Dyilo, *Ordonnance fixant le calendrier*

"les *parties et participants* sont tenus de présenter leurs conclusions écrites sur les questions exposées ci-dessus au plus tard le 7 janvier 2008"[117].

Cependant, jusque-là, le statut de la victime n'était toujours pas clarifié. Etait-elle ou non partie au procès ? Il faudra attendre encore quelques mois pour voir la Cour prendre directement position sur cette question.

II. La réponse de la Cour au débat

La démarche de la Cour sur cette question délicate de la qualité de partie de la victime a été très prudente, progressive, voire contradictoire. Elle s'est d'abord prononcée de manière ambiguë (A) avant de le faire plus clairement (B).

A. Position ambiguë

Dans une décision datée du 13 juin 2007[118], la Chambre d'appel eut l'occasion de se prononcer sur la qualité de partie de la victime à l'occasion de l'examen de l'appel formé, dès le lendemain, par Thomas Lubanga Dyilo contre la décision de confirmation des charges du 29 janvier 2007 mentionnée au point I ci-dessus. L'appel de l'intéressé fut interjeté sur

---

pour la présentation de conclusions et la tenue d'audiences sur d'autres questions devant être tranchées à un stade précoce de la procédure, p. 4.
117 *Ibid.*
118 Ch. app., 13.06.2007, ICC-01/04-01/06-925tFRA, aff. Le Procureur c/ Thomas Lubanga Dyilo, *Décision sur la demande conjointe des victimes a/0001/06 à a/0003/06 et à a/0105/06 du 2 février 2007, relative aux Prescriptions et décision de la Chambre d'appel.*

base de l'article 82-1-b du Statut qui dispose que "l'une ou l'autre partie peut faire appel, conformément au Règlement de procédure et de preuve, de l'une des décisions ci-après : (...) Décision accordant ou refusant la mise en liberté de la personne faisant l'objet d'une enquête ou de poursuites".

Avant d'examiner les mérites d'un tel appel, la Cour enjoignit, aux termes de ses "prescriptions et décision" datées du 1er février 2007, à l'appelant et au procureur de discuter de la recevabilité de l'appel au regard de l'article susvanté.

Par une demande conjointe en date du 2 février 2007, quatre victimes saisirent la Cour aux fins de s'entendre autoriser à déposer une réponse aux conclusions de la défense et, de manière plus générale, à participer à la procédure d'appel, notamment en prenant des écritures en réponse à toute question soulevée par l'accusation ou la défense ayant un impact sur leurs intérêts. Cette demande fut fondée sur l'article 68-3 du Statut qui dispose :

> *Lorsque les intérêts personnels des victimes sont concernés, la Cour permet que leurs vues et préoccupations soient exposées et examinées, à des stades de la procédure qu'elle estime appropriés et d'une manière qui n'est ni préjudiciable ni contraire aux droits de la défense et aux exigences d'un procès équitable et impartial. Ces vues et préoccupations peuvent être exposées par les représentants légaux des victimes lorsque la Cour l'estime approprié, conformément au Règlement de procédure et de preuve.*

S'opposant à cette demande de participation, la défense remit sur le tapis la question relative à la qualité de partie de la victime. Elle soutint, à cet effet, que l'expression "l'une ou l'autre partie" figurant au début de l'article 82-1 du Statut désignait uniquement l'accusation et la défense ; qu'en conséquence, la victime, qui n'est pas partie au procès, ne pouvait ni interjeter appel ni répondre à un appel[119].

La Chambre d'appel ne répondit pas directement à cette question. Elle rejeta néanmoins la demande de participation de ces victimes notamment pour le motif suivant :

> *Dans le présent appel, la Chambre d'appel note que les Victimes ne précisent aucunement si et dans quelle mesure leurs intérêts personnels sont concernés dans le cadre de l'examen préliminaire de la question de savoir si c'est à bon droit que l'appel a été interjeté en vertu de l'article 82-1-b du Statut. Les victimes n'ont pas non plus expliqué pourquoi il serait approprié que la Chambre d'appel permette que leurs vues et préoccupations soient présentées à ce stade de la procédure*[120].

La Chambre refusa de s'engager plus loin sur cette question au motif :

> *La Chambre d'appel s'abstiendra d'explorer plus avant ces points et/ou de donner une interprétation définitive de l'article 68-3 dans le cadre du présent appel, en l'absence à la fois de toute observation des Victimes sur la portée générale et l'application de cet article et de toute réponse de l'Appelant et du Procureur sur ce sujet, et ce, dans des circonstances où une telle conclusion n'est pas nécessaire pour sa décision, puisque comme nous l'avons vu plus haut, les Victimes n'ont pas démontré en l'espèce qu'à l'heure actuelle, leurs intérêts personnels étaient concernés*[121].

Si la Chambre d'appel ne s'est pas directement prononcée sur la question de savoir si la victime était ou non partie au procès, une interprétation *a rubrica* de sa décision permet cependant d'affirmer qu'elle ne semble pas, non plus, partager l'argument de la défense. En effet, dans les motifs

---

[119] Ch. app., 13.06.2007, *op. cit.*, par. 16, pp. 7-8.
[120] *Id.*, par. 24, pp. 9-10.
[121] *Id.*, par. 29, p. 11.

de sa décision, la Chambre d'appel a tenu, avant de départager les protagonistes, à examiner point par point leur argumentaire. Le canevas qu'elle établit à cet effet est très significatif :

A. Les arguments des ***parties***[122]
1. *La demande de participation des Victimes*
2. *La Réponse du Procureur*
3. *La Réponse de l'Appelant*
B . La conclusion de la Chambre d'appel[123].

L'on ne peut ne pas constater qu'en examinant les moyens des victimes et les répliques subséquentes du procureur et de l'accusé dans la rubrique "Les arguments des parties", la Chambre d'appel place tous ces protagonistes du procès pénal à pied d'égalité en les considérant comme parties au procès. L'a-t-elle fait par inadvertance ou voulait-elle affirmer la qualité de partie de la victime ? Rien, dans la décision sous examen, ne permet de répondre clairement à cette question.

En tout cas, comme pour s'opposer à cette opinion majoritaire, le juge président, M. Georghios M. Pikis, profita de son opinion individuelle concordante pour soutenir que "les victimes ne sont pas parties à la procédure et elles ne peuvent exprimer rien d'autre que leurs 'vues et préoccupations'"[124]. Cette opinion individuelle semble avoir eu un impact décisif sur la Chambre de première instance I qui a décidé de se prononcer plus clairement sur la question.

---

[122] Anglaise, la version d'origine est libellée : "The Submissions of the *Parties*".
[123] Ch. app., 13.06.2007, *op.cit.*, par. 16, pp. 6-9.
[124] *Id.*, par. 15, p. 20.

B. Position tranchée

Dans la même affaire opposant le procureur à Thomas Lubanga Dyilo, qui est la première dont eut à connaître la Cour, la Chambre de première instance I fut celle qui fut mise dans une position telle qu'il ne lui était plus possible de se défausser plus longtemps sur la qualité de la victime au procès. En effet, passé le stade de confirmation des charges qui pesaient sur l'accusé, il était inévitable de fixer les "critères applicables pour autoriser les victimes à participer à la procédure (…), au rôle des victimes lors de la période courant jusqu'à l'ouverture du procès et lors de celui-ci, à la représentation légale commune des victimes, ainsi qu'à d'autres questions connexes"[125].

Plusieurs questions opposèrent alors les différents protagonistes devant cette Chambre, notamment celles relatives à l'administration de la preuve et aux observations écrites et orales. Les victimes avaient-elles le droit de présenter des éléments de preuves ou de contester la pertinence des preuves administrées par l'accusation et la défense ?

L'alliance atypique entre la défense et l'accusation fonctionna, ici aussi, à plein régime. Pour la défense, la réponse à ces questions était négative. Pour elle, en effet, "seules les parties peuvent présenter des éléments de preuve et discuter des preuves dans le cadre du procès, avant le verdict"[126]. En conséquence, "les éléments relatifs à la culpabilité ou à l'innocence de l'accusé ne peuvent être mis à l'épreuve que par l'accusation ou la défense et que tout élément relatif aux réparations devrait être examiné

---

[125] Ch. 1re inst. I, 18/01/2008, *op. cit.*, p. 2.
[126] *Id.*, par. 56, p. 21.

uniquement après le procès pénal, nonobstant les dispositions de la norme 56 du Règlement de la Cour "[127].

Pour sa part, se prononçant sur la possibilité, pour les victimes, de prendre des conclusions orales et écrites en cours de procès, "l'Accusation a affirmé que les victimes ne disposaient pas d'un droit général de participer aux débats relativement à toutes les questions, et que leur intervention devrait être limitée aux questions ayant un effet direct sur leurs intérêts, lesquelles dépendraient des faits considérés"[128]. Car, selon le procureur, "certaines questions étaient clairement réservées aux seules parties (détermination de la culpabilité, par exemple)"[129].

En clair, aussi bien pour la défense que pour le procureur, les victimes ne pouvaient, s'agissant de l'action publique, ni participer à l'administration de la preuve, ni prendre des conclusions écrites et orales, cette faculté ne leur étant accordée que dans le cadre strict des réparations des préjudices allégués. Si la Cour refusa de les suivre dans cette voie, elle ne reconnut pas non plus aux victimes la qualité de parties au procès, bien au contraire ! En effet, répondant à la question relative à l'administration de la preuve, la Cour décida :

> *La Chambre de première instance estime que **le droit de produire des éléments de preuve pendant les procès devant la Cour n'est pas réservé aux parties**, ne serait-ce que parce que l'article 69-3 du Statut permet généralement à la Cour (indépendamment de la coopération ou du consentement des parties) de demander la présentation de tous les éléments de preuve qu'elle juge nécessaires à la manifestation de la vérité. La règle 91-3 du Règlement permet **aux victimes participant à la procédure d'interroger des témoins** (y compris les experts et l'accusé) si la Chambre les y autorise.*

---

[127] Ch. 1re inst. I, 18/01/2008, *op. cit.* p. 21.
[128] *Id.*, par. 65, p.22.
[129] *Id.*, pp. 23-24.

> ***Cette règle ne limite pas cette possibilité aux témoins cités par les parties****. Il s'ensuit que* ***les victimes participant à la procédure*** *peuvent se voir autorisées à citer et à interroger des témoins si la Chambre juge que cela contribuera à la manifestation de la vérité et si, pour ce faire, la Cour a "demandé" lesdits éléments de preuve. En outre, pour les raisons susmentionnées, la Chambre n'imposera pas aux victimes de se limiter aux questions liées aux réparations, mais les autorisera plutôt à poser des questions pertinentes chaque fois que leurs intérêts personnels sont concernés par les éléments de preuve en question*[130].

En ce qui concerne la possibilité, pour les victimes, de conclure sur la contestation de l'admissibilité des preuves produites par l'accusation et la défense, la Cour répondit en ces termes :

> *S'agissant de la requête formulée par les représentants légaux des victimes aux fins de pouvoir contester l'admissibilité ou la pertinence des preuves lorsque leurs intérêts sont concernés,* ***le droit de présenter des conclusions sur les questions relatives à la preuve n'est pas réservé aux parties****, et rien dans le cadre défini par le Statut de Rome n'empêche la Chambre de première instance de statuer sur l'admissibilité ou la pertinence des preuves après avoir pris en considération les vues et préoccupations exposées par les victimes, en application des articles 68-3 et 69-4 du Statut. Dans certaines circonstances, un tel droit sera accordé suite à une requête en ce sens*[131].

Aucun doute n'était désormais permis sur la position de la Cour quant à la place de la victime parmi les parties au procès. Pour la Cour, en effet, la victime était un participant à la procédure, l'accusation et la défense étant seules parties

---

130 Ch. 1re inst. I, 18/01/2008, *op. cit.*, par. 108, pp. 40-41. C'est nous qui soulignons.
131 *Id.*, par. 109, p. 41.

au procès. Cependant, comme elles, la victime avait le droit de participer à l'administration de la preuve et de prendre des conclusions écrites ou orales aussi bien sur l'action publique que sur les intérêts civils.

Par suite, cette Chambre est demeurée constante dans cette logique qui veut que seuls le procureur et la défense soient considérés comme parties au procès. Ainsi, par une décision en date du 22 mai 2008 relative aux déclarations liminaires et finales, elle devait ordonner :

> *a) Si **l'Accusation ou la Défense** souhaitent faire une déclaration liminaire, elles devront, sept jours à l'avance, transmettre à la Chambre, **à l'autre partie et aux participants** une vue d'ensemble de leur déclaration;*
> *b) Si l'Accusation souhaite faire une déclaration finale, elle devra, sept jours à l'avance, en transmettre une vue d'ensemble à la Chambre, **à l'autre partie et aux participants**[132].*

Cette interprétation de la Chambre de première instance I fut confirmée par la Chambre d'appel dans son arrêt rendu en date du 11 juillet 2008 :

> *La Chambre d'appel juge important de rappeler que le droit de présenter des éléments de preuve touchant à la culpabilité ou à l'innocence de l'accusé et le droit de contester l'admissibilité ou la pertinence des preuves durant le procès est avant tout **réservé aux parties, à savoir le Procureur et la Défense. La première phrase de l'article 69-3 est catégorique : "Les parties peuvent présenter des éléments de preuve pertinents pour l'affaire, conformément à l'article 64". Il n'est pas dit "les parties et les victimes peuvent"**[133].*

[132] Ch. 1re inst. I, 22.05.2008, ICC-01/04-01/06-1346-tFRA - *Décision relative aux déclarations liminaires et finales.*
[133] Ch. app., 11/07/2008, *op.cit.*, par. 93, p. 33.

Telle est, à ce jour, la position de principe de la Cour, actuellement suivie par toutes les Chambres. Ainsi, statuant sur les demandes de participation de victimes à la procédure, la Chambre préliminaire II a, par une décision en date du 17 septembre 2008, jugé qu'elles "doivent être communiquées aux deux parties (Procureur et Défense) sous forme expurgée, en raison des problèmes de sécurité qui existent encore sur le terrain et de la nécessité de protéger le principe de l'égalité des armes entre les parties"[134].

La Chambre de première instance I semble suivre également cette ligne de conduite. Ainsi, dans sa décision orale en date du 28 janvier 2009, elle cite, chaque fois que de besoin, les "parties et participants"[135].

La Chambre préliminaire III n'est pas en reste puisque l'un des considérants de sa décision, datée du 3 mars 2009, portant ajournement de l'audience conformément à l'article 61-7-c-ii du Statut de Rome, est ainsi libellé : "Le 15 janvier 2009, la Chambre a autorisé *les parties* ainsi que *les représentants légaux des victimes* à déposer des conclusions, sous réserve qu'elle les reçoive le 26 janvier 2009 au plus tard. Le 26 janvier 2009, le Procureur, les représentants légaux des victimes et la Défense ont déposé des conclusions écrites"[136]. Il ne fait pas de doute que, pour elle, les différents

---

[134] Ch. prél. II, 18/09/2008, ICC-02/04-154-tFRA, situation en Ouganda, *Décision sur la représentation légale, la désignation d'un conseil de la Défense, les critères d'expurgation des demandes de participation et la présentation d'observations relatives aux demandes de participation a/0014/07 à a/0020/07 et a/0076/07 à a/00125/07*, pp. 6-7.

[135] Ch. 1re inst. I, 28/01/2009, ICC-01/04-01/06-T-110-FRA WT - *Décision orale sur différentes questions ayant trait à l'auto-incrimination*, transcription d'audience, p. 6, ligne 10 ; p. 41, ligne 25 et p. 42, ligne 8.

[136] Ch. prél. III, 03/03/2009, ICC-01/05-01/08-388-tFRA, *op. cit.*, par. 7, p. 5.

protagonistes appelés à prendre des écritures dans l'espèce sous examen sont les parties (le procureur et la défense) et les représentants légaux des victimes.

Conclusion partielle

La question de savoir si la victime pouvait ou non être considérée comme partie au procès devant la CPI a suscité de nombreuses controverses même parmi les rédacteurs du Statut et du RPP de cette juridiction. Le souci de parvenir à un accord les a poussés à s'abstenir d'aborder ouvertement cette question dans les actes fondamentaux de la Cour.

En effet, si, dans nombre de ses dispositions, le Statut de Rome contient le mot "partie(s)", il n'en donne aucune définition ni ne dit expressément à quels acteurs du procès il s'applique. Se démarquant des RPP du TPIY et du TPIR qui définissent le terme "parties" comme s'entendant du procureur et de l'accusé, la Règle première du RPP de la Cour, relative à l'emploi des termes, ne contient pas ce mot qui, pourtant, est abondamment employé tout le long du texte.

En optant pour cette solution de facilité, les géniteurs de la CPI ont laissé aux juges un cadeau empoisonné, car c'est à eux que revenait désormais la tâche de gérer les inévitables controverses qui allaient naître de cette question. Conscients de la délicatesse de cette tâche, ces juges ont mis cinq ans[137] pour se prononcer clairement sur la qualité de parties au procès.

En effet, après avoir, dans leur Règlement adopté en date du 26 mai 2004, qualifié tous les acteurs du procès pénal de "participants à la procédure", ils en sont, peu à peu, arrivés, dans leurs décisions et ordonnances, à faire une démarcation

---

[137] Les premiers juges de la Cour ont été élus lors de la première Session de l'Assemblée des Etats parties qui s'est tenue à New York du 3 au 7 février 2003.

entre "parties et participants". C'est finalement en dates du 18 janvier 2008 pour la Chambre de première instance I, et du 11 juillet 2008, pour la Chambre d'appel, que la Cour finit par préciser que le procureur et l'accusé étaient les seules parties au procès, la victime étant, elle, un participant à la procédure.

Cette position de la Cour est cependant loin d'être satisfaisante. D'abord parce qu'elle ne semble pas provenir d'une vision globale cohérente, ensuite parce qu'elle ne saurait résister à la critique lorsqu'elle est confrontée à l'esprit et à la lettre de l'ensemble des textes fondamentaux qui régissent cette juridiction, enfin parce qu'elle a laissé en suspens nombre de questions liées à la qualité de la victime dans l'instance pénale internationale.

L'on notera, d'abord, que les décisions susmentionnées ne semblent pas provenir d'une vision globale cohérente du statut de la victime dans le procès pénal international. En effet, on ne peut ne pas relever que ces décisions, qui accordent à l'accusation et à la défense le monopole de la qualité de parties, sont celles-là mêmes qui reconnaissent à la victime des attributions exorbitantes que les textes fondamentaux de la Cour ont exclusivement réservées aux parties. C'est le cas de l'administration de la preuve, en particulier de la citation, par la victime, de ses propres témoins appelés à établir la culpabilité du suspect ou de l'accusé.

Nous aurons l'occasion d'y revenir dans la seconde partie de cet ouvrage. Ajouter à cela le fait que la Cour considère, par ailleurs, que les moyens contenus dans les demandes de participation des victimes font partie des "arguments des parties"[138], ou encore mentionnait, en même temps, dans son site Internet que "les personnes considérées comme <u>des</u>

[138] V. supra, p. 68.

victimes par la Cour peuvent être partie (sic) à la procédure"[139], on peut en conclure que la Cour n'avait, vraisemblablement, pas une vision univoque de la place de la victime dans le procès pénal international.

L'on pourra se demander, ensuite, si aucun texte fondamental de la Cour ne saurait être interprété comme reconnaissant à la victime la qualité de partie. Les Règles 17-2-a-iv et 34-1 du RPP nous incitent à une position moins tranchée que celle adoptée par la Cour. La première confie à la DAVT la mission, entre autres, de "mettre à la disposition de la Cour *et des parties* une formation en matière de traumatismes, de violences sexuelles, de sécurité et de confidentialité". Peut-on affirmer que pareille formation ne concerne que le procureur et l'accusé lorsqu'on sait que toutes ces matières concernent au plus haut point les victimes ?

La seconde, elle, prévoit la possibilité de récuser les juges, le procureur ou les procureurs adjoints dans l'hypothèse, notamment, de "l'existence d'un intérêt personnel dans l'affaire dont il s'agit, notamment le fait d'être le conjoint, le père ou la mère *de l'une des parties*, ou d'avoir avec elle des liens familiaux, personnels ou professionnels étroits, ou une relation de subordination". Il est difficile de ne pas voir dans l'une des parties ici la victime. La défense ne peut-elle pas, en effet, recourir à cette disposition si un membre de la composition ou du bureau du procureur avait un quelconque lien de parenté, d'alliance ou professionnel avec une victime ?

---

[139] V. annexe 2. On notera, cependant, que la version anglaise ne comporte pas une phrase similaire (V. annexe 3), ce qui n'est pas sans rappeler l'opposition originelle, sur la qualité de partie de la victime, entre les délégations de la *Common Law* et celles du droit continental.

La position de la Cour laisse, enfin, un certain nombre de questions en suspens, dont celle relative à l'action en réparation mue devant la Cour sur pied de l'article 75 du Statut. Peut-on imaginer que la victime qui diligente une telle action conformément à la Règle 94 du RPP n'en soit pas partie ? Cette question demeure posée, même lorsque l'action en réparation a été engagée d'office par la Cour.

Car, dans cette hypothèse, la Règle 95-1 du RPP prévoit que l'intention de la Cour de statuer d'office est notifiée à la personne ou aux personnes contre lesquelles elle envisage de statuer et, dans la mesure du possible, aux victimes, à toute personne et à tout État intéressés. La victime intéressée peut alors, soit se contenter de déposer des observations comme tous les autres participants, soit diligenter une demande en réparation, auquel cas se pose la question de sa qualité dans l'instance ainsi engagée.

La Cour aura certainement, lorsqu'elle sera amenée à statuer sur les intérêts civils dans l'une quelconque des affaires actuellement pendantes devant elle, l'occasion d'éclairer définitivement cette question. Pour l'heure, on peut légitimement continuer à s'interroger sur cet acteur-clé du procès pénal international qui, tout en n'étant pas partie au procès, a néanmoins qualité pour contribuer activement à la manifestation de la vérité tant au premier degré qu'au degré d'appel. Tous les participants à la procédure sont-ils dotés des mêmes prérogatives ?

Il est capital de répondre à toutes ces questions si l'on veut réellement saisir la véritable place de la victime dans le procès pénal international. L'étude de sa place parmi les participants à la procédure devient donc inévitable.

2EME PARTIE

LA VICTIME ET LES PARTICIPANTS A LA PROCEDURE

Comme nous l'avons vu dans la première partie, les juges de la CPI ont, dans un souci de compromis, donné au mot "participant" une connotation particulière, ce qui leur permit d'éviter momentanément l'emploi du mot "partie"[140]. En précisant par la suite que, à l'instar de toutes les juridictions pénales internationales, les seules parties au procès étaient l'accusation et la défense, la Cour a placé la victime dans la catégorie des acteurs non parties au procès, c'est-à-dire les "participants à la procédure".

Le seul problème c'est que la Cour n'a pas défini cette notion. Appert, dès lors, qu'avant de déterminer la place de la victime parmi ces participants (chapitre 2), il échet de chercher à cerner d'abord les contours de ce terme (chapitre 1).

---

[140] V. supra, pp. 62-63.

Chapitre I

Généralités sur la participation à la procédure

Deux problèmes principaux seront examinés ici. Nous chercherons, dans un premier temps, à saisir le contenu que les juges de la CPI ont entendu donner à l'expression "participation à la procédure" (section 1). Se posera alors, tout naturellement, la question de savoir quelles sont les différentes modalités de cette participation (section 2).

Section 1 : Notion de participation à la procédure

En vérité, on ne peut concevoir un procès en général, et le procès pénal international en particulier, sans la présence d'un certain nombre d'acteurs appelés à concourir à la manifestation de la vérité. Vu sous cet angle, il existe, aussi bien en droit international que dans les différents droits nationaux, des participants à la procédure.

Mais la notion de participation à la procédure revêt une connotation particulière dans le cadre de la CPI puisqu'elle est apparue dans un contexte singulier où les rédacteurs des actes fondamentaux de cette Cour voulaient éviter à tout prix d'aborder l'épineuse question qui les divisait, savoir la qualité ou non de partie de la victime.

On sait qu'ils ont laissé aux futurs juges la délicate mission de trancher ce débat et que ceux-ci, dans un premier temps, se sont abstenus de le faire. Ils ont évité de parler de parties au procès, ce qui les aurait obligés de dire lesquels des acteurs en faisaient partie. A la place, ils ont forgé de toute pièce l'expression "participants à la procédure", qu'ils ont conçue d'abord dans un sens large (§. 1), avant de lui donner une portée plus restreinte (§. 2.).

§. 1. Au sens large

Ainsi que nous l'avons déjà dit, le RPP a, à plusieurs reprises, utilisé le mot "partie(s)" sans en donner la définition ni préciser à quel acteur du procès pénal il se rapportait. Si la Cour en a déduit que ce mot ne s'appliquait qu'au procureur et à la défense, nous verrons, dans la conclusion générale, que les choses ne sont pas aussi simples. En tout cas, chaque fois qu'il n'a pas employé ce mot, le RPP a utilisé une expression générique couvrant toutes les personnes, physiques ou morales, qui interviennent aux différents stades de procédure engagée devant la Cour : "tous ceux qui participent à la procédure".

Ainsi, abordant la procédure relative à la pertinence ou à l'admissibilité des preuves, la Règle 64-1 prévoit que la Cour peut exiger que toute question y relative soit soulevée par écrit sous forme de requête, auquel cas elle "transmet la requête écrite à *tous ceux qui participent à la procédure*, sauf si elle en décide autrement". En matière d'appel, la Règle 156-2 prescrit que "le Greffier avise du dépôt de l'acte d'appel *tous ceux qui ont participé à la procédure devant la Chambre* qui a rendu la décision attaquée, à moins qu'ils n'en aient été avisés par la Chambre en vertu de la disposition 2 de la règle 155".

Il ressort de ces deux textes que, tant devant le premier juge que le juge d'appel, toute exception soulevée ou appel interjeté par un acteur du procès est notifié à tous les autres protagonistes, c'est-à-dire à tous ceux qui participent actuellement à la procédure ou ont participé à la procédure au premier degré. A ce stade, la notion de participant à la procédure est donc entendue au sens large. Elle renvoie à toute personne intervenant dans une procédure engagée devant la Cour en posant des actes de procédure destinés à éclairer la religion de la Cour, soit dans l'intérêt de la justice, soit en vue d'obtenir de la Cour une décision favorable.

Peu importe qu'il s'agisse d'une partie au procès ou d'un tiers à l'instance, que l'intéressé soit une personne physique ou juridique, ou qu'il intervienne dans la procédure *motu proprio* ou à la demande de la Cour. Aussi le procureur et l'accusé sont-ils participants à la procédure selon cette acception. De même en est-il de la victime, d'un Etat intéressé, du Conseil de sécurité des Nations Unies ou d'un *amicus curiae*.

Les juges de la CPI ont, dans un premier temps, abondé dans le même sens lorsqu'il leur a été demandé de rédiger leur Règlement. Néanmoins, à la différence des rédacteurs du RPP, ils ont été plus respectueux de susceptibilités en évitant soigneusement l'emploi du mot "partie(s)".

Bien plus, ils se sont montrés plus inventifs en utilisant le substantif "participants" en lieu et place de l'expression "tous ceux qui participent à la procédure". Ainsi, lorsqu'il fallait mettre en évidence un protagoniste par rapport aux autres, il était identifié par son titre, tous les autres étant désignés comme "(autres) participants". Témoin, la Norme 24 qui, traitant du déroulement du débat à l'audience, est ainsi libellée :

1. Le Procureur et la Défense peuvent présenter une réponse à tout document déposé par ***tout participant à la procédure****, conformément au Statut, au Règlement de procédure et de preuve et au présent Règlement ainsi qu'à une ordonnance rendue par une chambre.*

2. Les victimes, ou leurs conseils, peuvent présenter une réponse à tout document lorsqu'elles sont autorisées à participer à la procédure conformément au paragraphe 3 de l'article 68 et à la disposition 1re de la règle 89, sous réserve d'une ordonnance contraire rendue par la chambre.

3. ***Les États participant à la procédure*** *peuvent présenter une réponse à tout document, sous réserve d'une ordonnance contraire rendue par la chambre.*

4. Dans tous les cas prévus dans les dispositions 1re à 3, aucune réponse ne peut être présentée à un document constituant lui-même une réponse ou une réplique.

5. ***Les participants*** *ne peuvent déposer une réplique à une réponse qu'avec l'autorisation de la chambre, à moins qu'il n'en soit disposé autrement dans le présent Règlement.*

La même logique est respectée dans le Règlement du Greffe, qui n'utilise aucune fois le mot partie au sens d'acteur du procès, et qualifie tous les protagonistes du procès de "participants". Tel est le cas de la Norme 16, relative à l'accès au dossier et aux originaux des éléments de preuve et des enregistrements sonores et vidéo des procédures, dont l'alinéa 3 dispose :

Les chambres et les ***participants*** *peuvent consulter les originaux des éléments de preuve ou des enregistrements sonores et vidéo des procédures, en fonction de leur niveau de confidentialité. Des experts ou d'autres personnes désignées peuvent consulter les originaux des éléments de preuve ou des enregistrements sonores et vidéo des procédures, sur ordonnance de la chambre.*

La Norme 41-2-b, qui traite de l'enregistrement sonore et vidéo des audiences, va dans le même sens :

> *En règle générale, l'assistant audiovisuel montre le* ***participant*** *qui s'adresse à la chambre, soit en plan serré soit en plan large. Toutefois, pendant de longues présentations par des* ***participants****, il peut alterner ces plans avec des plans montrant les juges, le ou les accusés et les* ***autres participants****, pour autant que soit reflétée la solennité de l'audience.*

Il est indéniable que le terme "participant(s)" employé dans toutes les dispositions sous examen doit être entendu au sens large, car désignant aussi bien le procureur et l'accusé que les autres acteurs du procès pénal. Si cette acception large a permis aux juges d'éviter de blesser les susceptibilités des différents systèmes judiciaires représentés à la Cour, elle n'est pas scientifiquement intéressante puisque ne permettant pas d'identifier qui est partie au procès et qui ne l'est pas. Seule une définition au sens restreint permet de résoudre, peu ou prou, cette difficulté.

§. 2. Au sens restreint

C'est dans sa fonction juridictionnelle que la Cour s'est démarquée de sa démarche consensuelle et a donné au terme participant une acception plus restreinte, en le distinguant de partie. En clair, il s'agissait, pour la Cour, d'instituer un statut de "participant" aux côtés de celui de "partie". Ainsi, en ordonnant que "les *parties* et *participants* sont tenues de présenter leurs conclusions écrites sur les questions exposées ci-dessus au plus tard le 7 janvier 2008"[141], la Chambre de première instance I a tenu à distinguer clairement ces deux catégories d'acteurs du procès pénal.

Par suite, en précisant que "le droit de présenter des conclusions sur les questions relatives à la preuve n'est pas réservé aux parties"[142], ou que "le droit de produire des éléments de preuve touchant à la culpabilité ou à l'innocence de l'accusé et de contester l'admissibilité ou la pertinence des preuves est avant tout reconnu aux parties, à savoir le Procureur et la Défense"[143], la Chambre d'appel a donné au mot participant une acception plus restreinte : il fallait, par là, entendre tous les intervenants à la procédure autres que les parties au procès que sont l'accusation et la défense.

C'est cette acception restreinte que nous retiendrons comme hypothèse de travail pour essayer de cerner la notion de partie au procès pénal international. Nous essaierons donc d'identifier ces participants selon les modalités de leur intervention dans la procédure.

---

[141] Ch. 1re inst. I, 13/12/2007, *op. cit.*, p. 4. A la suite de cette ordonnance, la même Chambre devait constater que "des conclusions additionnelles ont été exposées par *les parties et les participants à la procédure* lors de la conférence de mise en état tenue le 10 janvier 2008" (Ch. 1re inst. I, 20/02/2008, ICC-01/04-01/06-1179-tFRA, *Décision relative aux accords entre les parties*, p. 3.

[142] Ch. 1re inst. I, 18/01/2008, *op. cit.*, par. 109, p. 41.

[143] Ch. app., 11.07.2008, *op. cit.*, par. 3, p. 4.

Section 2 : Les modalités de participation à la procédure

Les participants à la procédure devant la CPI n'interviennent pas tous de la même manière et ne sont pas tous mus par une même motivation. Ainsi, pour mieux les catégoriser, nous recourrons à deux critères. Le premier portera sur l'initiative de la participation (§. 1.), tandis que le second, lui, sera relatif à l'intérêt que porte le participant à la procédure dans la solution du litige (§. 2.).

§. 1. Du point de vue de l'initiative de la participation

Ce critère permet de déterminer les catégories de participations à la procédure (I) en se fondant sur la provenance de l'initiative de la participation. On verra alors, en fin d'analyse, quel est l'intérêt d'une telle distinction (II).

I. Catégories de participations

Du point de vue de l'initiative de la participation, on peut distinguer la participation volontaire (A) de la participation sollicitée (B).

A. La participation volontaire

Il faut entendre, par participation volontaire, celle qui intervient à l'initiative de l'acteur concerné. Le participant volontaire est donc celui qui, se sentant concerné par la procédure ou voulant apporter sa contribution à la solution du litige, prend l'initiative d'intervenir dans une procédure déjà engagée devant la Cour. Plusieurs acteurs du procès pénal peuvent participer volontairement à la procédure.

C'est, d'abord, le cas des victimes. Celles d'entre elles qui veulent exposer leurs vues et préoccupations conformément à l'article 68-3 du Statut "adressent une demande écrite au greffier, qui la communique à la Chambre compétente"[144]. C'est dans ce contexte qu'à leur demande, la Chambre préliminaire I rendit, en date du 17 janvier 2006, sa décision reconnaissant le statut de victimes à six personnes[145]. Il s'agissait là d'une décision sans précédent car, pour la toute première fois dans l'histoire, une juridiction pénale internationale consacrait le statut de victime, lui reconnaissant, par là même, le droit de participer à la procédure ès qualité.

C'est aussi le cas des *amici curiae*, à propos desquels la Règle 103-1 du RPP prescrit : "A n'importe quelle phase de la procédure, toute chambre de la Cour peut, si elle le juge souhaitable en l'espèce pour la bonne administration de la justice, (…) *autoriser* tout État, toute organisation ou toute personne à présenter par écrit ou oralement des observations sur toute question qu'elle estime appropriée"[146].

---

[144] Règle 89-1 RPP.
[145] Ch. prél. I, 17.01.2006, *op. cit.*, p. 42.
[146] C'est nous qui soulignons.

Il s'agit, ici également, d'un cas de participation volontaire, puisque une autorisation n'est donnée qu'à celui qui la demande. Rentre dans cette catégorie, l'association *Women's Initiatives for Gender Justice* qui, par requête en date du 7 septembre 2006, fut la première à solliciter sa participation à la procédure devant la Cour en qualité d'*amicus curiae* dans le cadre de la situation en RDC[147].

Un Etat ou le Conseil de sécurité des Nations Unies, lorsqu'ils ont déféré une situation au procureur, peuvent participer volontairement à une procédure. Ils le feront, soit en présentant des représentations à la Chambre appelée à connaître d'une exception d'incompétence ou d'irrecevabilité de l'affaire qu'ils ont déférée au procureur[148], soit en diligentant directement une action en réexamen de la décision de ce dernier de refus de poursuivre[149].

L'intervenant volontaire est juge de l'opportunité de son intervention. Il intervient lorsqu'il juge le moment opportun pour éclairer la religion de la Cour ou obtenir d'elle une décision favorable.

Il peut intervenir aussi bien dans la phase de la situation que dans celle de l'affaire. Mais la Cour n'est pas tenue d'attendre passivement l'intervention d'un participant pour l'éclairer dans la solution d'un litige. Elle peut prendre elle-même l'initiative de la participation.

---

[147] Ch. prél. I, 07/09/2006, ICC-01/04-01/06-403, *Request submitted pursuant to rule 103 (1) of the Rules of Procedure and Evidence for leave to participate as amicus curiae in the Article 61 Confirmation Proceedings (with confidential annex 2)*, http://www.iccwomen.org/publications/articles/docs/Legal_Filings-Web_Final.pdf.

[148] Règle 59-3 RPP.

[149] Art. 53-3-a du Statut, Règles 107-1 et 107-4 RPP.

B. La participation sollicitée

La participation à la procédure est dite sollicitée lorsque c'est la Cour elle-même qui invite une personne, physique ou morale, à intervenir dans la procédure aux fins d'éclairer sa religion dans la solution d'un litige, c'est-à-dire dans la compréhension d'une question de droit ou de fait. A cet effet, le Statut et le RPP prévoient nombre de cas où la Cour peut solliciter les vues des victimes ou de leurs représentants légaux qui participent à la procédure, mais aussi celles des autres victimes qui ne participent pas à la procédure[150].

Tel est le cas en matière de réexamen d'une décision du procureur de ne pas ouvrir d'enquête ou de ne pas engager de poursuites[151] ; de décision de la Chambre préliminaire de tenir une audience de confirmation des charges en l'absence de l'accusé[152] ; de modification par le procureur, avant l'ouverture du procès, des charges déjà confirmées par la Chambre préliminaire[153] ; de jonction ou de disjonction d'instances[154] ; d'aveu de culpabilité[155] ou encore d'assurance donnée par la Cour à un témoin ou à un expert comparaissant devant elle qu'il ne sera ni poursuivi, ni détenu, ni soumis par elle à une restriction quelconque de sa liberté personnelle pour un acte ou une omission antérieurs à son départ de l'État requis[156].

---

150 Règle 93 RPP.
151 Art. 53-3 du Statut, Règles 107-1 et 107-4 RPP.
152 Art. 61-2 du Statut et Règle 109 RPP.
153 Règle 128 RPP.
154 Règle 136 RPP.
155 Règle 139 RPP et art. 65 du Statut.
156 Art. 93-2 du Statut et Règle 191 RPP.

Par ailleurs, avant de rendre une ordonnance de réparation, "la Cour peut solliciter, et prend en considération, les observations de la personne condamnée, des victimes, des autres personnes intéressées ou des Etats intéressés, et les observations formulées au nom de ces personnes ou de ces Etats"[157]. Les "autres personnes intéressées" ici sont des personnes qui, tout en ne participant pas à la procédure, peuvent voir leurs intérêts affectés par la décision de la Cour. C'est le cas du propriétaire de bonne foi dont le bien viendrait à être affecté par une ordonnance de réparation. Cette initiative de la Cour a l'avantage de permettre à l'intéressé de former, le moment venu, appel contre une telle ordonnance[158].

Par "Etats intéressés", il faudrait entendre les Etats susceptibles de coopérer avec la Cour en vue de l'exécution de l'ordonnance à venir. Ainsi en est-il de l'Etat dont l'accusé est national, mais aussi de tout Etat partie où ce dernier pourrait détenir des avoirs susceptibles de confiscation[159].

La Cour peut également solliciter la participation à la procédure d'un *amicus curiae*, particulièrement lorsqu'il s'agit d'élucider une question de droit sur laquelle l'intéressé dispose d'une compétence éprouvée. En effet, il résulte de la Règle 103-1 du RPP qu' "à n'importe quelle phase de la procédure, toute chambre de la Cour peut, si elle le juge souhaitable en l'espèce pour la bonne administration de la justice, *inviter* (...) tout État, toute organisation ou toute personne à présenter par écrit ou oralement des observations sur toute question qu'elle estime appropriée"[160].

---

[157] Art. 75-3 du Statut.
[158] Art. 82-4 du Statut.
[159] Art. 109-1 du Statut.
[160] Le texte original n'est pas souligné.

Se fondant sur cette disposition, la Chambre préliminaire I invita notamment, par décision en date du 24 juillet 2006, "Mme Louise Arbour, Haut Commissaire des Nations Unies aux droits de l'homme (...) à présenter par écrit (ses) observations sur des questions relatives à la protection des victimes et à la préservation des preuves au Darfour (Soudan) dans les 45 jours suivant la notification de la présente décision"[161] . L'intéressée déféra à cette invitation en date du 10 octobre 2006[162].

Enfin, en matière d'auto-incrimination de témoins, la Chambre de première instance I a, par une décision orale en date du 28 janvier 2009, décidé qu'elle était habilitée à requérir l'intervention d'un conseil aux fins de prodiguer au témoin intéressé un avis juridique approprié sur pied de la Règle 74-10, mais aussi de le mettre en garde contre le crime de faux témoignage prévu et puni par les articles 70-1-a et 70-3[163]. Pour justifier la base juridique de la participation d'un tel conseil à la procédure, la Chambre dut recourir à une application extensive de l'article 55-2 qui offre au témoin suspect la possibilité d'être assisté d'un conseil, mais uniquement dans la phase de l'enquête. De création jurisprudentielle, ce nouveau genre de conseil intervient, on le voit bien, dans le cadre d'une participation sollicitée.

---

[161] Ch. prél. I, 24/07/2006, ICC-02/05, situation au Darfour, *Décision invitant à la présentation d'observations en application de la règle 103 du Règlement de procédure et de preuve*, p. 5.

[162] Ch. prél. I, 10/10/2006, ICC-02/05-19, situation au Darfour, *Observations of the United Nations High Commissioner for Human Rights invited in Application of Rule 103 of the Rules of Procedure and Evidence.*

[163] Ch. 1re inst. I, 28/01/2009, ICC-01/04-01/06-T-110-FRA WT, op. cit., p. 4, lignes 18-21 ; p. 5, lignes 2-8.

En dehors de ces participants extérieurs, la Cour a aussi la latitude de solliciter l'un quelconque des services qui lui sont rattachés, dans le but, soit de l'éclairer dans la solution d'un litige, soit de concourir autrement à l'exercice de sa mission de dire le droit. Dans ce contexte, les membres du BCPD et du BCPV peuvent intervenir devant la Cour, non seulement en qualité de conseils de permanence, mais aussi et respectivement comme conseil d'une personne ayant droit à l'assistance judiciaire concernant des questions spécifiques ou comme représentant légal de victimes[164]. La Cour a donc, dans ce contexte, décidé que, "puisqu'à ce jour aucun des demandeurs ne bénéficie des services d'un représentant légal, il convient, dans un souci d'équité de la procédure, de faire bénéficier les demandeurs de l'aide et de l'assistance offertes par le Bureau du conseil public pour les victimes, conformément à la norme 81-4 du Règlement de la Cour"[165].

Le Greffe de la Cour peut également être directement sollicité pour procéder à tel acte ou produire tel rapport requis par la procédure. Ainsi, par ordonnance en date du 10 septembre 2008, la Cour ordonna au Greffe de lui produire un rapport sur la requête de la défense tendant à voir les autorités congolaises et néerlandaises délivrer respectivement des titres de voyage et des visas à l'épouse et aux enfants de l'accusé Mathieu Ngudjolo Chui[166].

---

[164] Normes 116 et 145 du Règlement du Greffe.

[165] Ch. prél. II, 18/09/2008, op. cit., p. 7. Dans le même sens, Ch. prél. I, 17/08/2007, ICC-01/04-374-tFRA, situation en République démocratique du Congo, *Décision relative aux demandes du représentant légal des demandeurs concernant les modalités de demande de participation des victimes à la procédure et celles de leur représentation légale*, p. 25.

[166] Ch. prél. I, 10/09/2008, ICC-01/04-01/07-712, The Prosecutor v. Germain Katanga and Mathieu Ngudjolo Chui, *Order to the Registar to Submit a Report concerning the Defence Request of 10 september 2008.*

Dans le même contexte, les services dépendant du Greffe, en l'occurrence la DAVT, peuvent directement être requis pour un devoir précis. La Cour peut, dans ce contexte, requérir le dépôt d'observations sur des pièces communicables ou d'une proposition concernant le traitement des documents présentés[167].

Comme on le voit, la participation sollicitée se distingue très nettement de la participation volontaire. Mais quel est l'intérêt d'une telle distinction ?

II. Intérêt de la distinction

L'intérêt de la distinction entre participation volontaire et participation sollicitée gît dans le champ de leur intervention. En effet, dans la participation sollicitée, l'intervenant se limite au strict cadre de la mission qui lui a été confiée ou de la question ou des questions qui lui ont été posées. Il ne peut, ni aborder des sujets qui ne lui ont pas été proposés, ni prolonger sa participation au-delà de la phase de procédure au cours de laquelle est débattue la question soumise à sa connaissance.

Ainsi, si une victime ne participant pas à la procédure est invitée à donner ses vues sur la décision du procureur de ne pas ouvrir d'enquête ou de poursuivre, ses observations doivent être strictement limitées à cette question. Elle ne peut prétendre à un quelconque droit de participer à l'ensemble de la procédure, à moins qu'elle ne décide de faire

---

[167] Ch. prél. II, 19/03/2008, ICC-02/04-127, situation en Ouganda, *Ordonnance sollicitant du Procureur et de la Division d'aide aux victimes et aux témoins des observations relatives à la levée des scellés concernant certains documents dans les dossiers de la situation et de l'affaire et à la modification du niveau de confidentialité de ceux-ci.*

une demande de participation à la procédure sur pied de la Règle 89-1 du RPP. C'est d'ailleurs à cette fin que la Cour est tenue de notifier aux victimes la décision du procureur de ne pas ouvrir d'enquête ou de ne pas engager de poursuites en vertu de l'article 53[168].

De même, si la Cour s'estime suffisamment éclairée par la participation d'un *amicus curiae*, elle n'est pas tenue de lui notifier les actes de procédure ultérieurs ou les dates des audiences au cours desquelles sa participation n'est plus nécessaire. Elle doit rejeter comme irrecevable toute demande d'acte ultérieur ou toute exception quelconque que ce participant serait amené à soulever.

Lorsqu'un conseil est désigné par le Greffe aux fins d'assister un témoin en vertu de la décision orale de la Chambre de première instance I du 28 janvier 2009, sa mission est scrupuleusement délimitée dans l'acte de désignation. Aussi la lettre de désignation d'un conseil en date du 19 mars 2009 précise-t-elle que "cette même désignation est valable pour les besoins exclusifs de l'examen des pièces pertinentes du dossier et de la réunion avec le témoin, ainsi que de toute autre tache que la Chambre estime appropriée ultérieurement"[169].

Le Greffe ou l'un quelconque de ses services auxquels il a été demandé de rédiger un rapport ou de faire des observations sur la procédure se limiteront à ces actes. Ils ne pourront donc pas prétendre participer à l'ensemble de la procédure.

Le BCPD et le BCPV intervenant comme représentants légaux de la défense ou des victimes voient, en principe, leur mission achevée dès la désignation des conseils respectifs de

---

[168] Règle 92-2 RPP.
[169] V. annexe 4.

ces acteurs du procès. Ainsi, en date du 24 décembre 2007, la Cour a-t-elle ordonné "au Greffier de désigner le Bureau du conseil public pour les victimes en tant que représentant légal chargé de fournir aide et assistance aux personnes qui se sont vu reconnaître la qualité de victime *jusqu'à ce que lesdites personnes aient choisi un représentant légal ou que la Cour en ait désigné un*"[170].

En revanche, le participant volontaire précise lui-même son champ d'intervention. Ainsi en est-il de la victime dont la demande de participation à la procédure dans la phase de l'enquête ne préjuge en rien d'une demande ultérieure de réparation en vertu de la Règle 94 du RPP. Elle peut, en effet, vouloir participer à la procédure dans le seul et unique but que justice soit faite, sans nécessairement chercher à obtenir, à titre individuel, une quelconque réparation.

De même, un Etat désireux d'intervenir dans une procédure limite lui-même son champ d'intervention. Celui-ci comportera, soit une exception d'incompétence ou d'irrecevabilité[171], soit une demande de réexamen de la décision du procureur de ne pas poursuivre[172].

---

[170] Ch. prél. I, 24/12/2007, n° ICC-01/04-423, situation en République démocratique du Congo, *Décision sur les demandes de participation à la procédure déposées dans le cadre de l'enquête en République démocratique du Congo par a/0004/06 à a/0009/06, a/0016/06 à a/0063/06, a/0071/06 à a/0080/06 et a/0105/06 à a/0110/06, a/0188/06, a/0128/06 à a/0162/06, a/0199/06, a/0203/06, a/0209/06, a/0214/06, a/0220/06 à a/0222/06, a/0224/06, a/0227/06 à a/0230/06, a/0234/06 à a/0236/06, a/0240/06, a/0225/06, a/0226/06, a/0231/06 à a/0233/06, a/0237/06 à a/0239/06 et a/0241/06 à a/0250/06*. C'est nous qui soulignons. Dans le même sens, Ch. prél. I, 04/07/2008, ICC-01/04-506, situation en République démocratique du Congo, *Désignation du Bureau du conseil public pour les victimes pour représenter la victime a/0184/06 en application de la décision ICC-01704-505.*

[171] Art. 19-2-b et 19-2-c du Statut.

[172] Art. 53-3-a du Statut.

L'*amicus curiae* qui intervient *motu proprio* précise, dans sa requête, la ou les questions de droit sur lesquelles il entend apporter sa contribution. Sa participation à la procédure se limitera donc à cette ou ces questions.

Il convient, cependant, de préciser que, si le participant volontaire demeure libre de définir lui-même son champ d'intervention, cette liberté s'arrête dès que sa demande de participation est admise par la Cour. Dès lors, son intervention devra se limiter dans le strict cadre de sa demande de participation à la procédure. Il n'aura donc le droit de participer qu'aux phases de procédure dans lesquelles porte sa demande de participation.

Ainsi, l'Etat qui conteste la compétence de la Cour ou la recevabilité d'une affaire peut-elle participer à toute la procédure relative à cette exception, jusque et y compris devant le juge d'appel. Sa participation à l'affaire prend cependant fin dès qu'une décision définitive intervient sur l'exception soulevée.

Ceci le distingue de la victime qui, seule, a la latitude de participer, si la Cour le juge opportun, à l'ensemble de la procédure en fait et en droit, aussi bien dans la phase de la situation que dans celle de l'affaire, au premier degré comme au degré d'appel. A ce titre, elle a pouvoir notamment de présenter ses vues et préoccupations, de déposer des pièces et de demander à la Cour de prendre des mesures spécifiques[173]. Cette position privilégiée de la victime ne lui est reconnue qu'en raison de son intérêt certain dans la solution du litige.

[173] Ch. prél. I, 17/01/2006, *op. cit.*, p. 43.

§. 2. Du point de vue de l'intérêt dans la solution du litige

Comme dans le paragraphe précédent, nous déterminerons ici les catégories de participations à la procédure (I) avant d'en examiner l'intérêt de la distinction (II).

I. Catégories de participations

Les participants à la procédure sont mus par des motivations diverses. Si certains sont directement intéressés par la solution du litige (A), l'intervention des autres est, en revanche, purement neutre et objective (B).

A. La participation intéressée

Le participant intéressé est celui qui est directement concerné par la solution du litige sous examen, qui est de nature à l'affecter directement dans ses droits et/ou libertés. Il intervient donc dans la procédure pour présenter ses vues et préoccupations dans le but d'obtenir du juge une décision favorable.

Un Etat compétent à connaître des crimes relevant de la compétence de la Cour peut être un exemple concret de ce type de participant. En effet, il peut demander au procureur de lui déférer le soin de l'enquête s'il a lui-même ouvert une enquête sur ses ressortissants ou d'autres personnes sous sa juridiction sur les mêmes faits[174], mais aussi, en cas de

[174] Art. 18 du Statut.

saisine de la Cour, soulever une exception d'incompétence de celle-ci ou d'irrecevabilité d'une affaire[175]. Son intérêt ici tient de sa légitimité à juger ses propres nationaux et toutes les personnes se trouvant sous sa juridiction.

La victime d'un crime relevant de la compétence de la Cour est aussi un participant intéressé, puisqu'il est de son intérêt que, non seulement que les préjudices qu'elle a subis du fait des crimes dont est saisie la Cour soient réparés, mais aussi que justice soit faite. L'opinion individuelle du juge Sang-Hyun Song dans l'arrêt de la Chambre d'appel du 13 juin 2007 est assez explicite à ce sujet :

> *Si la nature concrète et tangible de l'intérêt à recevoir des réparations est évidente, il en va autrement de l'intérêt que justice soit faite. Néanmoins, cet intérêt intangible constitue aussi un intérêt personnel au sens de l'article 68-3 du Statut. La victime d'un crime a un intérêt particulier à ce que le responsable présumé de ses souffrances soit traduit en justice*[176].

L'intérêt de la victime dans la procédure est donc multiple et dépasse le seul cadre des réparations. Comme l'a si bien souligné la Chambre préliminaire I, "l'article 68-3 du Statut confère également aux victimes le droit de participer à la lutte contre l'impunité"[177].

Le propriétaire de bonne foi d'un bien pouvant être affecté par une ordonnance de la Cour peut aussi, lorsqu'il participe à la procédure sur base de l'article 75-3 du Statut, être considéré comme un participant intéressé. Car le bien litigieux constitue, à lui seul, son intérêt personnel dans la procédure.

---

[175] Art. 19-2-b et 19-2-c du Statut.
[176] Ch. app., 13/06/2007, *op. cit.*, par. 13, p. 28.
[177] Ch. prél. I, 17/01/2006, *op. cit.*, par. 53, p. 15.

Le BCPD et le BCPV, lorsqu'ils interviennent comme représentants légaux de l'accusé ou de la victime, sont aussi des participants intéressés au succès de l'action mue par les acteurs dont ils sont appelés à assurer la défense des intérêts. Ce qui, sur ce point précis, exclut de leur part une quelconque exigence de neutralité ou d'objectivité.

B. La participation objective

Par participation objective, il faudrait simplement entendre celle qui exclut toute idée d'intérêt personnel à agir. Ici, en intervenant dans la procédure, le participant vise tout simplement à éclairer la religion de la Cour dans la solution du litige qui lui est soumis. Cette participation n'est donc pas, en principe, destinée à prendre fait et cause pour l'un quelconque des acteurs opposés dans la procédure.

On trouve une parfaite illustration de ce type de participation dans l'intervention de l'*amicus curiae*. Celui-ci n'est, en principe, appelé à se prononcer que sur des questions de droit[178]. En effet, pour la Cour, "la participation d'*amici curiae* aux procédures lui permet d'obtenir l'avis d'experts sur des questions d'ordre juridique présentant un intérêt pour les procédures, avis qui peut l'aider à se prononcer correctement en l'espèce"[179].

[178] Giuseppe Castaldi et Gabriele Della Morte écrivent, au sujet des *amici curiae*, qu'ils "interviennent principalement pour donner des avis sur des questions juridiques" (CASTALDI G. et DELLA MORTE G., "La preuve devant les juridictions pénales internationales", in RUIZ FABRI H. et SOREL J.-M. (dir.), *La preuve devant les juridictions internationales*, Pedone, Paris, 2007, p. 203).

[179] Ch. prél. I, 17/08/2007, ICC-01/04-373-tFRA, *Décision relative à la demande présentée en vertu de la règle 103-1 du Règlement de procédure et de preuve*, par. 4, p. 4.

L'*amicus curiae* est donc, par principe, un participant neutre. Comme le souligne judicieusement Anne-Marie La Rosa, il "n'est ni l'adversaire, ni l'ami du Procureur ou de l'accusé. Il ne peut dès lors intervenir aux fins d'étoffer la preuve lacunaire de l'accusation"[180].

Le témoin ou l'expert qui intervient dans la procédure est censé être un participant objectif, lors même qu'il serait cité par l'une ou l'autre des parties au procès. Cette exigence d'objectivité relève suffisamment du serment qu'il prête avant sa déposition[181], ce qui l'expose à une condamnation pénale en cas de parjure[182].

Le fait d'avoir, au procès, un double statut de victime et de témoin ou encore d'être concerné par la question de l'auto-incrimination – et donc, de ce fait, d'être assistés de conseil – ne les dispense guère de cette obligation de dire la vérité à la Cour lorsqu'ils déposent en qualité de témoin. Car toutes les obligations imposées aux témoins leur sont applicables. Aussi a-t-il été décidé que "si les représentants légaux des témoins à double statut ont bien entendu le droit de s'entretenir avec leurs clients, ils ne peuvent porter atteinte à la décision de la Chambre sur 'le récolement des témoins' (renvoi à la décision du 30 novembre 2007, document 1049)"[183].

---

[180] LA ROSA A.-M., "Les tiers devant les juridictions pénales internationales", *op. cit.*, p. 183.

[181] Art. 69-1 du Statut.

[182] Art. 70-1-a du Statut.

[183] Ch. 1ère inst. I, 16/01/2009, ICC-01/04-01/06-T-104-FRA ET WT, aff. Le procureur c/ Thomas Lubanga Dyilo, *transcription d'audience*, page 25, lignes 8-10. La décision du 30 novembre 2007 interdit toute forme de récolement consistant en une répétition préalable au procès entre le témoin et la partie qui l'a cité (Ch. 1ère inst. I, 30/11/2007, ICC-01/04-01/06-1049-tFRA, aff. Le procureur c/ Thomas Lubanga Dyilo,

De même, lorsque le Greffe ou l'un quelconque de ses services interviennent dans la procédure, c'est aux seules fins d'apporter une vision neutre et experte sur une question de droit. Peu importe par ailleurs que leurs rapports ou observations convergent avec les conclusions de l'un des protagonistes.

La différence entre la participation intéressée et la participation objective ne fait donc l'ombre d'aucun doute. Mais elle n'est utile que dans la mesure où elle présente un intérêt pour l'étude.

II. Intérêt de la distinction

L'intérêt de la distinction entre ces deux types de participations à la procédure gît dans la réaction des participants à la décision de la Cour sur leurs demandes, observations ou rapports. En effet, seuls les participants intéressés sont habilités à contester les décisions de la Cour s'ils ont des raisons de croire qu'elles leur font grief. Aussi, en dehors du procureur et de l'accusé, l'article 82 du Statut de la Cour n'autorise qu'à l'Etat concerné, au représentant légal des victimes[184] et au propriétaire de bonne foi d'un bien affecté par une ordonnance de la Cour d'appeler les décisions de la Chambre préliminaire ou de la Chambre de première instance devant la Chambre d'appel.

Décision relative aux pratiques employées pour préparer et familiariser les témoins avant qu'ils ne déposent au procès, p. 23, par. 51).

[184] Il est bien entendu que le BCPV dispose des mêmes prérogatives lorsqu'il agit en qualité de représentant légal d'une victime ou d'un groupe de victimes.

En revanche, les participants neutres ne sont pas autorisés à contester les décisions de la Cour en cas de rejet de leurs observations ou conclusions. Un *amicus curiae* ne serait donc recevable à appeler une décision de la Chambre préliminaire ou de la Chambre de première instance au motif qu'elles n'auraient pas suivi les points de droit qu'il a soumis à leur appréciation.

Le même raisonnement s'applique au Greffe et aux services qui lui sont rattachés. N'ayant aucun intérêt personnel dans la solution d'un litige soumis à la Cour, ils ne sont pas recevables à attaquer les décisions rejetant leurs observations ou propositions.

Le témoin ou l'expert dont la déposition n'aurait pas été prise en compte ne serait, non plus, recevable à appeler la décision incriminée pour la bonne et simple raison qu'il n'a pas un intérêt personnel dans la solution du litige. Le conseil de permanence ayant, au nom des témoins concernés par la question de l'auto-incrimination, formulé une requête tendant à obtenir les modalités d'application de la décision orale de la Chambre de première instance I du 28 janvier 2009 ne saurait, non plus, appeler la décision de la chambre concernée[185]. Si la personne ayant un double statut de victime et de témoin tient à quereller une décision de justice, elle ne le fera que sous son statut de victime qui, seul, justifie son intérêt direct dans la procédure.

---

[185] Une requête en ce sens fut introduite en date du 3 février 2009. La chambre de première instance I promit d'y répondre dans un délai d'une semaine environ (Ch. 1ère inst. I, 06/02/2009, ICC-01/04-01/06-T-120-FRA WT, aff. Le procureur c/ Thomas Lubanga Dyilo, *transcription d'audience*, page 2, lignes 15-18). L'ordonnance attendue n'est pas encore intervenue à ce jour.

A ce stade, nous avons fait un tour d'horizon de différents participants à la procédure et des modalités de leur participation. Il convient, à présent, de s'interroger sur la place qu'occupe la victime parmi eux.

Chapitre II

Place de la victime parmi les participants à la procédure

Le procès pénal international met aux prises plusieurs acteurs dont les intérêts ne sont pas toujours convergents. Néanmoins, ils ont tous en commun le fait de concourir, chacun à sa manière, à l'administration de la justice pénale internationale. Ainsi, pour mieux situer la place de la victime parmi les autres participants à la procédure, il convient, tour à tour, de mettre en évidence leurs similitude (section 1) et différence (section 2).

Section 1 : La similitude entre la victime et les autres participants

La similitude entre la victime et les autres participants à la procédure peut être recherchée aussi bien dans leur intervention dans la procédure (§.1.) que dans les droits rattachés à cette participation (§.2.).

§. 1. Du point de vue de l'intervention dans la procédure

Comme souligné dans le chapitre précédent, la victime peut, à l'instar d'autres participants, intervenir dans la procédure, soit *motu proprio* (I), soit à l'initiative de la Cour (II).

I. L'intervention motu proprio

Comme nous l'avons déjà vu[186], le Statut de Rome reconnaît aux victimes le droit de participer, à leur propre initiative, à la procédure devant la Cour. Quatre dispositions principales leur reconnaissent ce droit. La première, qui est de portée générale, se trouve être l'article 68-3 qui leur permet, à des stades de procédure que la Cour estime appropriés, d'exprimer leurs vues et préoccupations. Nous reviendrons plus loin sur le contenu de ce droit.

La deuxième disposition est l'article 15-3 du Statut, relatif à la décision du procureur d'ouvrir une enquête *motu proprio*. La Règle 50-1 du RPP exige de lui, avant de saisir la Chambre préliminaire d'une demande d'autorisation d'ouverture d'enquête, d'en tenir informées les victimes par des moyens appropriés. Ce qui permet aux intéressées de faire des représentations[187]. En quoi consistent ces représentations ? C'est le Règlement de la Cour qui répond à cette question. Il s'agit, pour les victimes, de "présenter des arguments"[188] destinés à convaincre la Chambre préliminaire de l'opportunité d'autoriser l'ouverture d'une enquête.

L'article 19-3 permet aux victimes de participer à la procédure dans la phase de la situation en soumettant des observations à la Chambre préliminaire saisie d'une question de compétence ou de recevabilité par le procureur. Le greffier est tenu de les informer de toute question de cette nature[189]. Cette information a pour objectif de permettre à ces victimes de préparer leurs arguments, lesquels tendront, naturellement, à voir la Cour se déclarer compétente pour connaître de la situation déférée.

---

[186] V. supra, p. 90.
[187] Règle 50-3 RPP.
[188] Norme 50-1 du Règlement de la Cour.
[189] Règle 59 RPP.

La dernière disposition est l'article 75 qui permet à la victime de diligenter une action en réparation. Elle peut le faire avant ou après la sentence, mais la Chambre de première instance compétente ne statuera sur les demandes présentées qu'au terme du verdict sur la culpabilité de l'accusé.

L'examen d'une action en réparation comporte deux phases. La première, plus abstraite, est celle au cours de laquelle la Chambre compétente va déterminer "l'ampleur du dommage, de la perte ou du préjudice causé aux victimes ou à leurs ayants droit, en indiquant les principes sur lesquels elle fonde sa décision"[190]. La deuxième, plus concrète, voit la même Chambre "rendre contre une personne condamnée une ordonnance indiquant la réparation qu'il convient d'accorder aux victimes ou à leurs ayants droit"[191].

Dans le premier cas, la Chambre compétente ne statue d'office que "dans des circonstances exceptionnelles". La victime intervient donc volontairement et à titre principal. Dans le second cas, dès lors qu'elle aura reçu notification de l'intention de la Cour de statuer d'office sur les intérêts civils, la victime a la latitude d'introduire une demande de réparation ou de notifier à la Cour sa volonté de ne pas voir celle-ci rendre une ordonnance de réparation[192]. Dans un cas comme dans l'autre, il s'agit d'une participation volontaire à la procédure.

La victime partage cette prérogative de participer volontairement à la procédure avec plusieurs autres participants. Ainsi, le droit de présenter des observations au titre de l'article 19-3 susvisé est-il aussi reconnu aux Etats et au Conseil de sécurité des Nations Unies lorsque,

---

[190] Art. 75-1 du Statut.

[191] Art. 75-2 du Statut.

[192] Règle 95-2 RPP.

conformément à l'article 13 du Statut, ils ont déféré une situation au procureur[193].

Si, aux termes de l'article 68-3, la victime peut participer à tous les stades de procédure que la Cour estime appropriés, il en va de même de l'*amicus curiae* qui, en vertu de la Règle 103-1 du RPP, peut être autorisé à participer "à n'importe quelle phase de la procédure". Sur ce point, la similitude entre la victime et l'*amicus curiae* est très remarquable, comme, d'ailleurs, lorsqu'ils interviennent à l'initiative de la Cour.

II. L'intervention à l'initiative de la Cour

Il résulte de la Règle 93 du RPP que les Chambres peuvent solliciter les vues des victimes ou de leurs représentants légaux qui participent à la procédure sur toutes questions qu'elles jugent nécessaires. Il est bien entendu que ces questions peuvent être soulevées à toutes les phases de procédure auxquelles ces victimes participent.

L'*amicus curiae* jouit du même droit. En effet, la Règle 103-1 susmentionnée permet aux mêmes Chambres de l'inviter à présenter des observations écrites ou orales sur toute question qu'elles estiment appropriée et, on l'a vu, à n'importe quelle phase de procédure.

Par ailleurs, si, comme il vient d'être dit, la Cour peut solliciter les vues des victimes à l'une ou l'autre phase de la procédure, elle peut aussi user du même pouvoir à l'égard d'autres participants à la procédure. C'est le cas, répétons-le, du BCPD, du BCPV, mais aussi du Greffe ou des services qui lui sont rattachés tels que la DAVT.

---

[193] Règle 59-3 RPP.

La similitude entre la victime et les autres participants ne s'arrête pas à leur intervention dans la procédure. On la retrouve même en matière des droits rattachés à la participation.

§. 2. Du point de vue des droits rattachés à la participation

Toute intervention dans la procédure confère, si elle est sollicitée ou admise par la Cour, un certain nombre de droits au participant concerné. Parmi ces droits figurent, notamment, ceux de poser les actes de procédure et d'être informé de l'état de procédure.

En effet, tout intervenant à la procédure, qu'il s'agisse de la victime ou de tout autre participant, est appelé à poser des actes de procédure. Concrètement, il s'agira de prendre un mémoire contenant ses conclusions ou observations, de rédiger un rapport ou d'émettre un avis devant être versé dans la procédure, ou, tout simplement, d'éclairer librement, oralement ou par écrit, la religion de la Cour sur l'espèce sous examen.

Ce droit entraîne, comme corollaire, celui d'être informé, par des moyens appropriés[194], de l'état de procédure. Tout participant doit, en effet, être mis à même de recevoir communication des moyens des autres participants de manière, s'il échet, à y opposer des répliques éventuelles ou des observations appropriées. Si les moyens contenus dans les actes de procédure ou les pièces produites nécessitent d'être débattus à l'audience, les participants concernés devront, en outre, recevoir notification des dates d'audiences fixées par la Cour.

---

[194] V. Normes 34 et 35 du Règlement du Greffe.

Les points de convergence entre la victime et les autres participants sont donc nombreux. Mais cette similitude ne devrait pas masquer la différence existant entre eux.

Section 2 : La différence entre la victime et les autres participants

Le rapprochement fait, dans la section précédente, entre la victime et les autres participants à la procédure n'est pas absolu. On peut s'en apercevoir, de manière générale, dans le domaine de l'intervention dans la procédure (§.1.) et, en particulier, dans celui de la représentation juridique (§.2.).

§. 1. Du point de vue de l'intervention dans la procédure

Si de nombreux acteurs ont, comme la victime, le droit de participer à la procédure devant la CPI, ce droit diffère quant à son étendue, particulièrement en ce qui concerne le droit de participation reconnu à la victime aux termes de l'article 68-3 du Statut. En effet, en permettant que, lorsque ses intérêts personnels sont concernés, la victime puisse exposer ses vues et préoccupations à tout stade de procédure que la Cour juge approprié, le Statut a reconnu à la victime un droit général de participation à la procédure devant la CPI.

Un tel droit est particulier à la victime. Un examen attentif de son contenu (I) et de ses conséquences (II) permet de mieux cerner cette réalité.

I. Le contenu du droit de participation de la victime à la procédure

L'étude du contenu du droit de participation de la victime exige que soit posée une double question. En quoi consiste une telle participation ? En d'autres termes, quels sont les actes de procédure que la victime est habilitée à poser en cours de procédure ? Cette question sera examinée au point A/ ci-dessous. Il conviendra aussi, cette question traitée, d'examiner à quelle phase de procédure s'appliquent ces actes. Cette question sera examinée au point B/.

A. Les actes de procédure

Que peut faire la victime une fois intervenue dans la procédure ? L'article 68-3 sous examen lui permet d'exprimer ses vues et préoccupations. Mais de quelle manière le fait-elle ? En premier lieu, un exposé sommaire de ces vues et préoccupations est contenu dans la demande écrite de participation à la procédure que la victime intéressée adresse à la Cour conformément à la Règle 89-1 du RPP.

Par la suite, les mêmes vues et préoccupations feront l'objet de différents mémoires pris en réplique à ceux émanant du procureur et de l'accusé, qui ont la latitude de répondre à toute demande de participation de victimes à la procédure[195]. La victime peut également, seule ou représentée, déposer des observations et des conclusions écrites dans les audiences au cours desquelles la Cour estime qu'elle a un rôle limité[196].

---

[195] Règle 89-1 RPP.
[196] Règle 91-2 RPP.

En dehors de cette restriction, la victime peut, par son représentant légal, prendre la parole à l'audience, et notamment faire des déclarations au début et à la fin des audiences devant la Cour[197], en ce compris les audiences de confirmation des charges[198]. Un tel droit n'est, par ailleurs, reconnu qu'à l'accusation et à la défense[199].

Si le droit, pour la victime, d'exprimer ses vues et préoccupations ne peut être sérieusement contesté, des divergences de vues sont cependant apparues quant à son contenu. Ainsi, dans son opinion individuelle déjà citée, le juge Georghios M. Pikis semble minimiser la portée de ces "vues et préoccupations" en les assimilant à une simple "opinion" ne devant, en tout état de cause, porter que sur les intérêts civils[200], mais "certainement pas dans le cadre de l'administration de la preuve, à charge comme à décharge"[201].

Ce point de vue ne nous satisfait pas entièrement. Faisons remarquer, dès l'abord, que l'intervention de la victime est requise dès en amont de la procédure, soit sur l'opportunité de l'ouverture d'une enquête[202], soit lorsque la compétence de la Cour ou la recevabilité d'une affaire est mise en cause[203]. Or une telle intervention n'a pour finalité que de permettre à la victime d'apporter à la Cour des éléments concrets

---

[197] Règle 89-1 RPP. Pour les déclarations liminaires, voir notamment, Ch. 1ère inst. I, 26/01/2009, aff. Le procureur c/ Thomas Lubanga Dyilo, Transcription d'audience, ICC-01/04-01/06-T-107-ENG ET WT, pp. 34-40, http://www.icc-cpi.int/iccdocs/doc/doc623712.pdf.

[198] Ch. prél. I, 22/09/2006, ICC-01/04-01/06-462, *Décision sur les modalités de participation des victimes a/0001/06, a/0002/06 et a/0003/06 à l'audience de confirmation des charges*, pp. 7 et 9.

[199] Ch. prél. I, 13/12/2007, *op. cit.*, p. 4, point D. V. art. 67-1-h du Statut.

[200] Ch. app., 13/06/2007, *op. cit.*, par. 15, p. 21.

[201] *Id.*, par. 16, p. 21.

[202] Art. 15-3 du Statut.

[203] Art. 19-3 du Statut.

pouvant déterminer l'ouverture de l'enquête ou la saisine de la Cour.

Cette intervention porte donc nécessairement sur l'action publique, la faute pénale étant d'ailleurs, dans le cadre des crimes relevant de la compétence de la Cour, identique à la faute civile. Ainsi, en apportant à la Cour des éléments établissant que le suspect a commis, à son détriment, un crime de génocide, un crime contre l'humanité ou encore un crime de guerre ; par suite, en soutenant que, dans le but d'éviter toute impunité, seule la Cour est compétente pour connaître de l'affaire, la victime participe-t-elle à l'examen de l'action publique. La Chambre préliminaire I n'a-t-elle pas jugé, avec à propos, que "l'article 68-3 du Statut confère également aux victimes le droit de participer à la lutte contre l'impunité"[204] ?

Dans ces conditions, il devient difficile d'imaginer qu'une fois admise à participer à la procédure, la victime ne puisse exprimer qu'une simple opinion ne pouvant porter sur la culpabilité de l'accusé. A la vérité, – et la pratique l'a suffisamment démontré – les écritures des victimes et leurs observations orales sont de véritables moyens de défense destinés à emporter la conviction de la Cour pour, en définitive, la pousser à reconnaître l'accusé coupable des faits qui lui sont reprochés et, le moment venu, à le condamner à réparer les torts causés aux victimes.

Cette réparation, qui n'intervient qu'en fin de procédure, pose le problème relatif aux phases de procédure dans lesquelles la victime est censée présenter ses vues et préoccupations.

---

[204] Ch. prél. I, 17/01/2006, *op. cit.*, par. 53, p. 15.

B. Les phases de procédure concernées

Si l'article 68-3 du Statut n'a jamais posé un problème d'interprétation sur la participation de la victime dans la phase du procès, il n'en est pas ainsi lors de la phase de l'enquête. En effet, dans le cadre de la situation en R.D.C., un débat intéressant opposa le procureur au représentant légal des victimes sur la question de savoir si ces dernières pouvaient participer à la procédure dans la phase de l'enquête. Pour le procureur, l'intervention de la victime à ce stade de la procédure s'avérait prématurée, pareille intervention ne pouvant se concevoir que dans la phase du procès.

Par une désormais historique décision en date du 17 janvier 2006, rigoureusement motivée, la Chambre préliminaire I refusa de suivre le procureur dans cette voie. Elle reconnut, en conséquence, aux six demandeurs le statut de victimes dans la phase de la situation. Bien plus, la Cour ouvrit la voie aux mêmes victimes à une participation à la procédure au stade de l'affaire en ces termes :

> *Par conséquent, aussi longtemps que toute personne physique ou juridique demandant la qualité de victime en relation avec une situation demande également de se voir accorder la qualité de victime dans toute affaire découlant de l'enquête d'une telle situation, la Chambre, dès qu'une telle affaire existe, prend automatiquement en compte cette seconde demande sans qu'il soit nécessaire de présenter un second formulaire*[205].

[205] Ch. prél. I, 17/01/2006, *op. cit.*, par. 67, p. 18.

Le droit de participation de la victime à la procédure ne se limite pas, loin s'en faut, devant la Chambre préliminaire ou la Chambre de première instance. Elle s'étend aussi devant la Chambre d'appel où la victime peut, d'abord, intervenir en qualité d'appelant, sur base de l'article 82-4 du Statut.

Mais elle peut aussi, dans une procédure en appel à laquelle elle n'a pas été appelée ni représentée, intervenir dans la procédure avec l'autorisation de la Chambre d'appel[206]. Ainsi, rejetant les conclusions contraires de la défense, la Chambre d'appel a, par un arrêt rendu en date du 6 août 2008, décidé d'autoriser les victimes à participer à la procédure d'appel en ces termes :

> *The Appeals Chamber decides that victims a/0001/06, a/0002/06, and a/0003/06 may participate in the present appeal by making written submission for the purpose of presenting their views and concerns respecting their personal interests in the issues raised on appeal (...).*
>
> *The Appeals Chamber considers that participation of the three victims in the present case in the same manner, i.e. limited to the presentation of their views and concerns respecting their personal interests solely relating to the issues raised by the parties in the appeal, is consistent with the rights of the accused and a fair and impartial trial*[207].

---

[206] La Chambre d'appel exige, dans ce cas, une nouvelle demande de participation à la procédure, quand bien même la victime aurait été participante devant le premier juge : "For victims to participate in an appeal under article 82 (1) (b) of the Statute, an application seeking leave to participate in the appeal must be filed" (13.02.2007, ICC-01/04-01/06-824, *Judgment on the appeal of Mr. Thomas Lubanga Dyilo against the decision of Pre-Trial Chamber I entitled "Décision sur la demande de mise en liberté provisoire de Thomas Lubanga Dyilo"*, p. 3).

[207] Ch. app., 06/08/2008, situation en République démocratique du Congo, ICC-01/04-01/06-1453, *Decision on the participation of victims in the appeal*, par. 6, p. 6 et par. 12, p. 7.

Comme on peut s'en rendre compte, ce droit général de participation à la procédure n'est accordé à aucun autre participant. Seule la victime peut intervenir dans toutes les phases de la procédure en apportant des éléments de fait et de droit destinés à ébranler la pertinence des moyens adverses et à obtenir de la Cour une décision favorable.

Même les Etats, dont nous avons dit qu'ils étaient parties à la procédure dans laquelle ils étaient engagés[208], ne jouissent pas d'un tel privilège. Les conséquences d'un tel droit souligneront davantage cette différence entre la victime et les autres participants.

II. Les conséquences du droit de participation de la victime à la procédure

Ce rôle sans précédent de la victime dans le cours de la justice pénale internationale entraîne, comme conséquence, sa capacité à présenter à la Cour des moyens susceptibles d'emporter sa conviction, ce qui lui permet d'obtenir de la Cour une décision en sa faveur. Or, dans un prétoire pénal comme la CPI, la pertinence des moyens est fonction des preuves qui les sous-tendent. D'où la victime est nécessairement appelée à jouer un rôle-clé dans l'administration de la preuve.

En effet, devant concourir à la manifestation de la vérité, la victime dispose du droit d'administrer la preuve de la culpabilité du prévenu. Cette prérogative lui confère, d'abord, le droit d'accéder aux pièces produites par les parties en vue de les discuter (A), mais aussi celui de produire ses propres preuves censées établir la culpabilité, selon le cas, du suspect ou de l'accusé (B).

---

[208] V. supra, pp. 32-37.

A. L'accès aux pièces

Il résulte de la Règle 92-5-b du RPP que les victimes et leurs représentants légaux seront informés par le greffier des demandes, conclusions, requêtes et autres pièces y relatives. Ce droit d'accès aux pièces leur permet donc de vérifier la teneur des moyens adverses pour, éventuellement, en ébranler la pertinence. Il est capital pour l'équilibre des débats et est de nature à permettre à la victime de jouer pleinement son rôle dans la manifestation de la vérité.

Il convient, cependant, de préciser que ce droit d'accès aux pièces n'est pas absolu et doit être bien encadré. En effet, selon la jurisprudence de la Cour, les victimes n'ont, en principe, accès qu'aux documents publics. Cependant, sous certaines conditions, elles peuvent également accéder aux documents confidentiels[209].

Précisons, toutefois, que la victime n'a pas le monopole d'accès aux pièces. D'autres participants peuvent également y accéder, en l'occurrence les experts et d'autres personnes désignées par la Cour[210]. Cependant, à la différence des autres participants, l'accès aux pièces permet à la victime d'asseoir ses moyens de défense aux fins d'établir la culpabilité du suspect ou de l'accusé et d'obtenir subséquemment une décision favorable.

---

[209] Ch. prél. I, 17/01/2006, *op. cit.*, par 76, p. 20 ; Ch. prél. I, 22/09/2006, *op. cit.*, p. 7 ; Ch. prél. I, 18/02/2008, ICC-01/04-456-tFRA, situation en République démocratique du Congo, *Décision relative à la Demande du BCPV d'accéder au document confidentiel déposé par le Conseil de direction du Fonds d'affectation spéciale au profit des victimes le 7 février 2008*, p. 3.

[210] Norme 16 du Règlement du Greffe.

Le rôle de la victime dans la manifestation de la vérité ne consiste pas uniquement, loin s'en faut, à prendre connaissance des moyens de preuve adverses et à les contester. Elle peut, s'il échet, présenter les siens propres.

B. La production des éléments de preuve

Si le procureur et la défense se sont souvent opposés à la possibilité, pour la victime, d'accéder aux pièces, leur opposition fut plus vive quant à la faculté, pour la même victime, d'administrer ses propres preuves, particulièrement lorsque celles-ci tendent à établir la culpabilité de l'accusé. Car, pour ces deux parties au procès, il n'appartient qu'à l'accusation de démontrer la culpabilité de l'accusé.

La position de la Cour à ce sujet a été sans équivoque. Pour elle, en effet, la victime a la capacité d'administrer la preuve aussi bien dans la phase de la situation que dans celle de l'affaire.

Dans la phase de la situation, la Cour considère que "le droit de déposer des pièces en relation avec l'enquête en cours est le résultat du fait que les intérêts des victimes sont concernés dans la mesure où c'est à ce stade que les personnes alléguées responsables des crimes dont elles ont souffert devront être identifiées, étape préliminaire à leur mise en accusation"[211]. Raisonnement logique puisque la Cour, à laquelle il appartient de déterminer la responsabilité pénale de futurs suspects, ne saurait se priver des éléments de preuve qui pourraient lui être utiles dans la manifestation de la vérité.

---

[211] Ch. prél. I, 17/01/2006, *op. cit.*, par. 72, p. 19.

La Cour leur reconnaît ce droit même dans la phase de l'affaire puisque, selon elle, "le droit de produire des éléments de preuve pendant les procès devant la Cour n'est pas réservé aux parties"[212]. Elle ne va cependant pas jusqu'à dire que ce droit est réservé à tous les participants.

La capacité, pour la victime, d'administrer la preuve ne concerne pas uniquement la preuve littérale. Elle s'étend jusqu'à la preuve testimoniale. A cet effet, il lui est permis, non seulement d'interroger les témoins cités par les parties[213], mais aussi de citer ses propres témoins à charge.

Naturellement, ce deuxième volet du droit à l'administration de la preuve de la victime a fait débat, le procureur et la défense s'y opposant farouchement. Ils n'étaient, cette fois, plus seuls dans la bataille puisque, déjà, le professeur Xavier Philippe avait, on l'a vu, soutenu que "les victimes ou leurs représentants ne peuvent appeler des témoins (...)"[214], opinion également partagée par Claude Jorda et Jérôme de Hemptinne[215].

Ils furent cependant déboutés de leurs moyens par la Chambre préliminaire I aux yeux de laquelle "les victimes participant à la procédure peuvent se voir autorisées à citer et à interroger des témoins si la Chambre juge que cela contribuera à la manifestation de la vérité et si, pour ce faire, la Cour a 'demandé' lesdits éléments de preuve"[216]. Amenée

---

[212] Ch. prél. I, 18/01/2008, *op. cit.,* par. 108, p. 40. Cette décision reflète la lettre et l'esprit de la Norme 28-2-b du Règlement du Greffe qui, traitant de la numérotation et de l'enregistrement des éléments de preuve lors de l'audience, prévoit "une lettre correspondant au participant qui soumet l'élément de preuve, à savoir 'D' pour la Défense, 'P' pour le Procureur, 'V' pour les victimes'".

[213] Règle 91-3 RPP.

[214] V. supra, p. 57.

[215] V. supra, pp. 57-58.

[216] Ch. prél. I, 18/01/2008, *idem*, par. 108, p. 41.

à statuer sur la question, la Chambre d'appel confirma cette décision en la motivant comme suit :

> *Si les victimes se voyaient de manière générale et en toutes circonstances dans l'impossibilité de présenter des éléments de preuve touchant à la culpabilité ou à l'innocence de l'accusé et de contester l'admissibilité ou la pertinence d'autres preuves, leur droit à participer au procès pourrait devenir sans effet*[217].

Quel autre participant, en dehors de la victime, dispose d'une telle prérogative que le Statut[218], le RPP[219] et même la Cour[220] ne reconnaissent qu'au procureur et à l'accusé ? Il n'en existe, à notre connaissance, aucun. La différence entre la victime et les autres participants à la procédure est donc, sur ce point aussi, très nette. Elle l'est d'autant qu'elle rejaillit même dans le domaine de la représentation juridique.

§. 2. Du point de vue de la représentation juridique

La différence entre la victime et les autres participants peut aussi être située sur le plan de la représentation juridique. En dehors de la défense, seule la victime jouit d'une représentation légale organisée par le Statut et le RPP. Elle peut choisir librement un représentant légal pour assurer la défense de ses intérêts devant la Cour. Le greffe l'aide dans ce choix en mettant à sa disposition la liste des conseils qu'il tient en vertu de la Règle 21-2 du RPP.

---

[217] Ch. app., 11/07/2008, *op. cit.*, par. 97, p. 34.
[218] Art. 61-5, 61-6-c et 69-3 du Statut.
[219] Règle 63-3 RPP.
[220] *Id.*, par. 3, p. 4 et par. 93, p. 33.

Certes, la victime peut choisir un conseil ne figurant pas sur cette liste. Dans ce cas, le conseil choisi doit avoir les qualifications requises pour les conseils de la défense[221]. Il doit donc justifier d'une compétence reconnue en droit international ou en droit pénal et en matière de procédures, et d'une pratique suffisante du procès pénal en qualité de juge, de procureur, d'avocat ou de toute autre profession juridique analogue. De plus, il doit avoir une excellente connaissance et parler couramment l'une au moins des langues de travail de la Cour, à savoir le français ou l'anglais[222].

La liberté de choix d'un représentant légal est limité par le pouvoir reconnu à la Cour, en cas de pluralité de victimes, de leur imposer un représentant légal commun, désigné, à sa demande, par le greffe, dans l'hypothèse où ces victimes n'arrivent pas à se mettre d'accord sur le choix d'un ou de plusieurs représentants légaux[223]. Il s'agit là d'une innovation de taille destinée à contrer l'argument principal des opposants à la participation des victimes dans un prétoire international qui craignaient que le nombre des victimes de crimes de masse ne rende impossible la tenue d'une audience.

En attendant la désignation d'un représentant légal, la représentation des victimes sera assurée, même d'office, par le BCPV, de même que celle de la défense l'est par le BCPD dans des circonstances similaires. En cas d'indigence avérée, les victimes ne pouvant assurer elles-mêmes le paiement des services d'un représentant légal peuvent bénéficier, dans les conditions prévues à la Norme 113 du Règlement du Greffe, de l'aide judiciaire aux frais de la Cour. Un tel droit n'est, par ailleurs, reconnu qu'au suspect ou à l'accusé.

---

221 Règle 90-6 RPP.
222 Règle 22-1 RPP et art. 50-2 du Statut.
223 Règle 90-3 RPP.

En définitive, la représentation légale de la victime est organisée à l'identique de celle de la défense, à la différence que, pour celle-là, le BCPV joue le rôle que le BCPD est appelé à jouer pour celle-ci. Ainsi, devant la Cour, la représentation juridique n'est organisée que pour la défense et les victimes. Le Règlement du Greffe et le Règlement de la Cour réservent d'ailleurs le terme "conseil" au conseil de la défense et au représentant légal de la victime"[224].

[224] Normes 2-1.

Conclusion partielle

Il résulte des développements qui précèdent que, bien qu'ayant en commun de nombreuses prérogatives avec les autres participants à la procédure, la victime occupe néanmoins une place prépondérante en raison du rôle exorbitant qu'elle est appelée à jouer dans le procès pénal international. Le droit d'accès général à la procédure que lui ouvre l'article 68-3 du Statut et que confirme la jurisprudence de la Cour n'est, en effet, reconnu à aucun autre participant à la procédure, sinon aux parties au procès que sont l'accusation et la défense.

Ce droit confère à la victime un rôle actif dans la manifestation de la vérité, rôle qu'il joue dès en amont de la procédure, c'est-à-dire dans la phase de l'enquête. Sa représentation juridique dans la procédure, conçue à l'identique de celle de la défense, finit par faire de la victime le troisième acteur le plus important du procès pénal international après l'accusation et la défense.

Il s'ensuit qu'on devrait s'interdire de placer la victime à pied d'égalité avec les autres participants à la procédure. Mais quel est donc cet acteur-clé du procès pénal international qui ne serait véritablement l'égal, ni des parties au procès, ni des participants à la procédure ? Nous tenterons de répondre à cette question dans la conclusion générale de cette étude.

Conclusion générale

Cette étude a eu pour objectif essentiel de prendre part au débat sur la qualité de la victime devant la CPI. Est-elle partie au procès ou participant à la procédure ? Cette question a renvoyé dos à dos les rédacteurs des textes fondamentaux de la Cour, la doctrine et les praticiens du droit. Par un arrêt rendu en date du 11 juillet 2008 dans l'affaire opposant le procureur à Thomas Lubanga Dyilo, la Chambre d'appel a décidé que seuls le procureur et la défense étaient parties au procès. Notre apport sur le débat peut être résumé au travers de trois constats.

1er constat. Le débat reste ouvert.

Le 17 juillet 1998 fut adopté à Rome le Statut de la CPI. Hormis le caractère permanent d'une telle juridiction, la consécration de la victime comme acteur du procès pénal international constituait une première par rapport aux juridictions pénales internationales préexistantes.

Cependant, la détermination de sa place parmi les autres acteurs du procès a été l'une des questions les plus controversées ayant précédé la mise sur pied de la CPI. Les juges de la Cour, qui ont hérité de cette délicate question, ont, après une période de balbutiements compréhensible, fini par préciser que seules l'accusation et la défense pouvaient être considérées comme parties au procès, la victime étant reléguée au plan de participant comme tous les autres intervenants à la procédure.

Nous avons vu pourquoi une telle position ne pouvait être considérée comme entièrement satisfaisante. Rappelons, par exemple, que l'examen aussi bien du Statut que du RPP permettait d'affirmer, sans crainte d'être contredit, que l'Etat qui soulevait une exception d'incompétence de la Cour ou d'irrecevabilité d'une affaire était nécessairement partie à l'instance ainsi engagée, aussi bien devant le premier juge que le juge d'appel.

A fortiori, la victime qui diligente une action en réparation devant la Cour sur pied de l'article 75-1 du Statut ne saurait-elle être que partie à l'instance au cours de laquelle la Cour est appelée à connaître des mérites d'une telle action. Il ne saurait en être autrement lorsqu'on sait que la victime demanderesse en réparation est tenue de soutenir son action contre les défendeurs qui y sont nommés, et auxquels le greffier doit notifier la demande de la victime.

A cet effet, il lui sera nécessairement demandé d'administrer la preuve des préjudices allégués et d'établir un lien causal existant entre ces préjudices et la faute imputée à leur auteur. Le débat entre la défense et la victime demanderesse, auquel peuvent prendre part les participants conviés, se déroule donc entre deux parties au procès, chacune d'elle pouvant, en cas de condamnation pour la première ou de succombance pour la seconde, attaquer l'ordonnance de la Cour par voie d'appel conformément à l'article 82-4 du Statut.

Appert, de ce qui précède, qu'en se prononçant sur la qualité exclusive de parties du procureur et de la défense uniquement par rapport à l'action publique, la Cour n'a pas épuisé la question. Le problème restera entier lorsqu'elle sera amenée à statuer sur les mérites des demandes de réparations qui lui seront présentées par les victimes.

2ème constat. La relativité de la notion de partie devant la CPI

Le deuxième constat qui peut être dégagé de ce débat concerne la relativité de la notion de partie devant la CPI. En effet, il résulte de l'étude des acteurs intervenant aussi bien dans la phase de la situation que dans celle de l'affaire que la procédure devant cette Cour a la particularité d'être compartimentée. En conséquence, il n'y a de parties que selon l'instance engagée. Il s'ensuit qu'on peut être partie à une procédure et non à une autre.

L'expression "partie au procès" peut donc prêter à confusion car pouvant laisser croire que les protagonistes concernés revêtent la qualité de partie de l'enquête jusqu'à la sentence. On a vu, par exemple, que seuls le procureur, les victimes, les Etats concernés et le Conseil de sécurité des Nations unies intervenaient dans la procédure devant la Chambre préliminaire, la défense en tant que partie n'intervenant que dès l'émission d'un mandat d'arrêt ou d'une citation à comparaître.

De même, l'instance relative aux intérêts civils met essentiellement aux prises la victime et l'accusé en tant que parties à cette procédure, les autres intervenants y étant conviés en qualité de participants. Il faudrait donc préférer l'expression "partie à la procédure" – utilisée notamment à l'article 50-3 du Statut – qui reflète mieux la complexité de la procédure devant la Cour, à celle de "partie au procès". Vue sous cet angle, la victime peut, sans conteste, être considérée comme partie à la procédure dans l'instance relative à l'examen de sa demande de réparation.

3ème constat. L'hybridité du statut de la victime devant le juge de l'action publique

On ne saurait limiter la qualité de partie de la victime aux seuls intérêts civils, le terme "partie" employé par certains textes, notamment les Règles 17-2-a-iv et 34-1 du RPP, qui portent aussi bien sur l'action publique que sur les intérêts civils, s'appliquant nécessairement à la victime. Bien plus, la décision de la Chambre de première instance I du 18 janvier 2008 et l'arrêt confirmatif de la Chambre d'appel du 11 juillet 2008 ont été déterminants quant à la place de la victime dans le procès pénal international.

En effet, tout en ne reconnaissant la qualité de parties qu'à l'accusation et à la défense, ces deux décisions ont, néanmoins, reconnu à la victime des droits de même nature que ces dernières dans la manifestation de la vérité. Pour la Cour, la participation de la victime à l'ensemble de la procédure ne pouvait se résoudre à un rôle passif dans la recherche de la vérité, encore moins à un rôle actif uniquement dans le cadre des intérêts civils.

Bien au contraire, la victime pouvait, dès en amont de la procédure, participer activement à la manifestation de la vérité, en présentant des vues et préoccupations qui, en définitive, s'analysent en de véritables moyens de défense censés ébranler la pertinence des moyens adverses. Mais elle pouvait aussi, à l'étai de ses moyens, administrer ses propres preuves, y compris en faisant citer ses propres témoins.

On se souviendra que, pour le Professeur Xavier Philippe, la qualité de partie était déniée à la victime pour la bonne et simple raison qu'elle ne pouvait appeler des témoins, ni interjeter appel contre la sentence de la Cour. Que reste-t-il de tous ces arguments lorsqu'on sait, maintenant, que la victime peut faire citer ses propres témoins sur l'action publique et que, même en droit interne[225], le fait, pour une partie civile, de ne pouvoir interjeter appel que sur ses intérêts civils n'en fait pas moins une partie au procès ? On a vu que d'autres arguments, tels que ceux, soutenus par Claude Jorda et Jérôme de Hemptinne, qui voulaient que la victime ne puisse accéder aux moyens de preuves des parties ou participer à la procédure d'appel quant à l'action publique, ont, à ce jour, été battus en brèche par la Cour.

Il s'ensuit que, sans la proclamer expressément partie, la Cour a reconnu à la victime les prérogatives essentielles d'une partie au procès pénal international, ce qui lui permet de participer activement à la manifestation de la vérité aux fins d'obtenir la condamnation de l'accusé. On comprend alors mieux l'embarras de la Cour et ses contradictions lorsque, par maladresse ou conviction, elle classe les moyens des victimes dans la catégorie des "arguments des parties" ou que son site Internet mentionne clairement la qualité de parties des victimes autorisées à participer à la procédure. On peut en dire de même de Claude Jorda et Jérôme de Hemptinne qui, tout en affirmant que la victime n'était pas formellement une partie au procès, recommandent néanmoins qu'il ne lui soit pas permis d'avoir le double statut de témoin et *partie* dans une même affaire.

Toutes ces contradictions, vues à la lumière de l'évolution de la jurisprudence de la Cour, permettent d'affirmer que la victime est bel et bien une partie au procès sur l'action publique. Néanmoins, lorsqu'on la compare aux deux autres parties, l'on s'aperçoit que, sur le plan de leurs prérogatives respectives, il existe entre elles une différence de forme essentielle qui fragilise la position de la victime.

---

[225] V., par exemple, art. 497-3° du code français de procédure pénale et art. 96-3° du code congolais (RDC) de procédure pénale.

En effet, si, à l'instar du procureur et de l'accusé, la victime participe activement à la recherche et à la manifestation de la vérité, sa participation à la procédure ne s'opère pas *de plano* comme celle des deux autres protagonistes du procès. Elle est, en effet, subordonnée à l'autorisation de la chambre compétente qui, sous le contrôle de la Chambre d'appel, dispose d'un pouvoir souverain d'appréciation sur l'opportunité de toute demande de participation de victimes à la procédure.

En clair, la victime n'exerce les prérogatives reconnues aux autres parties que si et seulement si elle est admise à la procédure. Cette participation conditionnée, qui pèse sur la victime dans toutes les phases de procédure, constitue sa principale faiblesse par rapport à l'accusation et à la défense.

Qu'en est-il alors de sa place parmi les autres participants à la procédure ? Peut-elle être placée à pied d'égalité avec ceux-ci ? Nous avons vu qu'il n'en était rien. En effet, ici, la situation de la victime change totalement. Acteur défavorisé parmi les parties, elle devient le protagoniste le plus important des participants à la procédure. Car aucun, parmi ces derniers, n'a un droit général de participation à la procédure. Nul d'entre eux ne peut concourir activement à la recherche et à la manifestation de la vérité sur la culpabilité de l'accusé, ni ne jouit d'une représentation juridique similaire à celle de l'accusé.

Or ces différentes prérogatives ne sont reconnues qu'aux parties au procès, en l'occurrence l'accusation et la défense. Sur ce point, la victime est donc un participant privilégié, car disposant des privilèges procéduraux reconnus aux seules parties au procès.

Il suit de tout ce qui précède que, s'agissant de l'action publique, la victime a, au sein de la CPI, un statut *sui generis*, qui la situe à mi-chemin entre les parties et les participants. Elle se retrouve, en effet, parmi les parties où son intervention est conditionnée, mais aussi parmi les participants à la procédure où ses droits sont exorbitants.

C'est donc une position intermédiaire qu'elle occupe, et qui reflète le mieux le compromis trouvé par les géniteurs de la Cour : ne pas faire de la victime, en tous points, l'égal des parties, tout en lui accordant, en même temps, un statut dérogatoire au droit commun de participation à la procédure. Ils lui ont donc, de ce fait, forgé un statut hybride, qui fait de la victime une partie défavorisée, mais un participant privilégié.

Bibliographie (*)

I. Ouvrages

AKELE A.P. et SITA A.M.A., *Les crimes contre l'humanité en droit congolais*, Ceps, Kinshasa, 1999, 80 p.

ASCENSIO H., DECAUX E. et PELLET A. (dir.), *Droit international pénal*, Pedone, Paris, 2000, 1053 p.

ASCENSIO H., LAMBERT-ABDELGAWAD E. et SOREL J.M. (dir.), *Les juridictions pénales internationales (Cambodge, Kosovo, Sierra Leone, Timor Leste)*, Société de législation comparée, vol. 11, Paris, 2006, 382 p.

ASCENSIO H., SOREL J.M. et LAMBERT-ABDELGAWAD E. (dir.), *Les juridictions pénales internationalisées : expériences ad hoc ou modèles pour une nouvelle justice pénale ?*, Société de législation comparée, Paris, 2006, 383 p.

BAZELAIRE J.P. et CRETIN T., *La justice pénale internationale : son évolution, son avenir : de Nuremberg à la Haye*, PUF, Paris, 2000, 261 p.

BERKOVICZ G., *La place de la Cour pénale internationale dans la société des Etats*, L'Harmattan, Paris, 2005, 395 p.

BOGALSKA-MARTIN, E. (dir.), *Victimes du présent, victimes du passé : vers la sociologie des victimes*, L'Harmattan, Paris, Budapest, Torino, 2004, 275 p.

BOISSON DE CHAZOURNES L., QUEGUINER J.-F. et VILLALPANDO S. (dir.), *Crimes de l'histoire et réparations*, Bruylant, Bruxelles, 2004, 401 p.

(*) Les documents Internet ont été consultés, et les sites, visités, pour la dernière fois le 19 avril 2009.

BOTTIGLIERO I., *Redress for Victims of Crimes under International Law*, Martinus Nijhoff, Leiden-Boston, 2004, 294 p.

BOURDON W. et DUVERGER E., *La Cour pénale internationale. Le statut de Rome*, Seuil, Paris, 2000, 364 p.

BULLIER A.J., *La Common Law*, Dalloz, Paris, 2002, 159 p.

BURGORGUE-LARSEN, L. (dir.), *La répression internationale du génocide rwandais*, Bruylant, Bruxelles, 2003, 351 p.

CASSESE A., *International Criminal Law*, Oxford University Press Inc., New York, 2003, 458 p.

CASSESE A., GAETA P. et JONES J.R.W.D. (dir.), *The Rome Statute of the International Criminal Court : A commentary*, Oxford University Press, 2002, 2355 p.

CARTER R.H.A., *Le Tribunal pénal international pour l'ex-Yougoslavie*, L'Harmattan, Paris, 2005, 329 p.

CHAUMONT J.-M., *La concurrence des victimes : génocide, identité, reconnaissance*, La Découverte, Paris, 2002, 380 p.

DAVID E., *Code de droit international pénal*, Bruylant, Bruxelles, 2005, 1532 p.

DELMAS-MARTY M., FRONZA E. et LAMBERT ABDELGAWAD E. (dir.), *Les sources du droit international pénal : l'expérience des tribunaux pénaux internationaux et le statut de la Cour pénale internationale*, Société de législation comparée, vol. 7, Paris, 2005, 488 p.

DUPAQUIER J.-F. (dir.), *La justice internationale face au drame rwandais*, Karthala, Paris, 1996, 227 p.

HENZEN M. et ROTH R. (dir.), *Le droit pénal à l'épreuve de l'internationalisation. Actes du colloque tenu à l'Université de Genève les 16 et 17 mars 2001*, LGDJ, Bruylant, 2002, 355 p.

HUET A. et KOERING-JOULIN R., *Droit pénal international*, P.U.F., 3ème éd., Paris, 2005, 507 p.

FOFE DJOFIA MALEWA J.P., *La Cour pénale internationale : institution nécessaire aux pays des grands lacs africains*, L'Harmattan, Paris, 2006, 232 p.

Fondation Auschwitz, *Le Procès de Nuremberg, conséquences et actualisation*, Bruylant, Bruxelles, 1988, 181 p.

GARAPON A., *Des crimes qu'on ne peut ni punir ni pardonner : pour une justice internationale*, O. Jacob, Paris, 2002, 348 p.

GIUDICELLI-DELAGE G. et LAZERGES C. (dir.), *La victime sur la scène pénale en Europe*, PUF, Paris, 2008, 286 p.

HARTMANN F., *Paix et châtiment : les guerres secrètes de la politique et de la justice internationales*, Flammarion, Paris, 2007, 319 p.

JEANGENE VILMER J.-B., *Réparer l'irréparable. Les réparations aux victimes devant la Cour Pénale Internationale*, P.U.F., Paris, 2009, 215 p.

JOINET L., *Lutter contre l'impunité. Dix questions pour comprendre et agir*, La Découverte, Paris, 2002, 142 p.

Juristes Sans Frontières, *Le Tribunal pénal international de la Haye. Le droit à l'épreuve de la "purification ethnique"*, L'Harmattan (Paris), L'Harmattan Inc. (Montréal), 2000, 340 p.

KOLB R., *Droit international pénal*, Bruylant (Bruxelles), Helbing Lichtenhann (Bâle), 2008, 488 p.

LA ROSA A.M., *Juridictions pénales internationales. La procédure et la preuve*, P.U.F., Paris, 2003, 507 p.

LWAMBA KATANSI, *Crimes et châtiments dans la région*

des Grands Lacs. Cour pénale internationale, Tribunaux pénaux internationaux et Tribunaux pénaux nationaux, L'Harmattan, Paris, 2007, 231 p.

MARTINEAU A.-C., *Les juridictions pénales internationalisées. Un nouveau modèle de justice hybride ?*, Pedone, Paris, 2007, 293 p.

MEGRET F., *Le Tribunal pénal international pour le Rwanda*, Pedone, Paris, 2002, 249 p.

MUTATA LUABA L., *Traité de crimes internationaux*, EUA et L'Arc-en-Ciel, Kinshasa, 2008, 415 p.

PHILIPPE X. et VIRIOT-BARRIAL (dir.), *L'actualité de la justice pénale internationale*, actes du colloque organisé par le Centre de Recherche en Matière Pénale F. BOULAN, PUAM, Aix-en-Provence, 2008, 150 p.

RUIZ FABRI H. et SOREL J.-M. (dir.), *Le tiers à l'instance devant les juridictions internationales*, Pedone, Paris, 2005, 263 p.

RUIZ FABRI H. et SOREL J.-M. (dir.), *La preuve devant les juridictions internationales*, Pedone, Paris, 2007, 256 p.

SALAS D. (dir.), *Victimes de guerre en quête de justice : faire entendre leur voix et les pérenniser dans l'histoire*, L'Harmattan, Paris, Budapest, Turin, 2004, 196 p.

VERHAEGEN J., *Le droit international pénal de Nuremberg : acquis et régressions*, Bruylant, Bruxelles, 2003, 227 p.

VOHRAH L.C. *et alii* (eds.), *Man's Inhumanity to Man. Essays on International Law in Honour of Antonio Cassese*, Kluwer Law International, The Netherlands, 2003, 1032 p.

VULPIAN L. de, *Rwanda, un génocide oublié : un procès pour mémoire*, Complexe, Arte éditions, France Culture,

Paris, 2004, 303 p.
ZAPPALA S., *La justice pénale internationale*, Montchrestien, Paris, 2007, 152 p.

II. Thèses

BONNEAU K., *Le droit à réparation des victimes de violations flagrantes des droits de l'Homme en droit international, le cas du Chili*, thèse, Université de Paris VII, 2003, 1084 p.
FOURCANS C., *Les violences sexuelles devant les juridictions pénales internationales*, thèse, Université Paris X, 2007, 566 p.
MAISON R., *La responsabilité individuelle pour crime d'Etat en droit international public. De la sanction pénale des individus par les juridictions internationales*, thèse, Université de Paris II, 2000, 518 p.
MASKROT EL IDRISSI L., *La protection des populations civiles victimes de conflits armés ayant entraîné le prononcé d'un embargo international*, thèse, Université de Montpellier I, 2005, 404 f.
SEBRIEN-PARIENTE M., *Le droit à réparation des victimes de violations massives des droits de l'Homme. Le cas des victimes de l'holocauste*, thèse, Université de Paris I, 2005, 531 p.
TIGROUDJA H., *Contribution à l'étude du statut de la victime en droit international des droits de l'Homme*, thèse, Université de Lille II, 2001, 627 p.

III. Articles

ARGENT P. d', "Le droit de la responsabilité internationale complété ? Examen des principes fondamentaux et directives concernant le droit à un recours et à réparation des victimes de violations flagrantes du droit international des droits de l'Homme et de violations graves du droit international humanitaire", in *AFDI*, LI, 2005, pp. 27-55.

ASCENSIO H., "La justice pénale internationale de Nuremberg à La Haye", in *Entretiens d'Aguesseau. La Justice pénale internationale*, actes du colloque organisé à Limoges les 22-23 novembre 2001, P.U.L.I.M., 2002, pp. 29-44.

BITTI G., "Chronique de jurisprudence de la Cour pénale internationale", in *Revue de science criminelle et de droit pénal comparé*, juillet-septembre 2007, pp. 652-665.

BITTI G. and FRIMAN H., "Participation of victims in the proceedings", in *The International Criminal Court – Elements of crimes and rules of procedure and evidence*, R. S. Lee (ed.), Transnational publishers, 2003, pp. 456-474.

BLENGINO C., "La position de l'individu dans le statut de la Cour pénale internationale", in CHIVARIO M. (dir.), *La justice pénale internationale entre passé et avenir*, Dalloz, Giuffé, Paris, Milan, 2003, pp. 153-166.

BOUCHET-SAULNIER F., "La protection de l'intégrité physique dans la jurisprudence des Tribunaux pénaux internationaux", in TAVERNIER P. (dir.), *Actualité de la jurisprudence pénale internationale à l'heure de la mise en place de la Cour pénale internationale*, Bruylant, Bruxelles, pp. 41-63.

BOYLE D., "Une juridiction hybride chargée de juger les

khmers rouges", in *Droits fondamentaux*, n° 1, juillet-décembre 2001, pp. 213-227.

BRADY H., "Prospective and special measures for victims and witnesses", in *The International Criminal Court – Elements of crimes and rules of procedure and evidence*, R. S. Lee (ed.), Transnational publishers, 2003, pp. 434-456.

CARIO R., "Les droits des victimes devant la Cour pénale internationale", in *Actualité juridique pénale*, n° 6, 2007, pp. 261-266.

CASTALDI G. et DELLA MORTE G., "La preuve devant les juridictions pénales internationales", in RUIZ FABRI H. et SOREL J.-M. (dir.), *La preuve devant les juridictions internationales*, Pedone, Paris, 2007, p. 198-224.

DE GEOUFFRE DE LA PRADELLE G., KORKMAZ A. et MAISON R., "Qui va inculper les assassins du premier ministre Rafic Hariri ? Douteuse instrumentalisation de la justice internationale au Liban", in *Le Monde diplomatique*, avril 2007, pp. 18-19 http://www.monde-diplomatique.fr/2007/04/DE_LA_PRADELLE/14595

DELMAS-MARTY M., "La Cour pénale internationale et les interactions entre droit interne et international", in *Revue de Sciences criminelles et de droit pénal comparé*, janvier-mars 2003, pp. 1-11.

DILLENS A.-M. et BABISSAGANA E., "La justice inopportune ? Aux détours de l'amnistie", in CARTUYVELS Y. et *alii*, *Les droits de l'homme, bouclier ou épée du droit pénal ?*, Bruylant, Bruxelles, pp. 551-589.

DONNARD G., "Comment les victimes vivent-elles les procédures ? Est-ce que le procès pénal contribue à restaurer leur identité blessée ?", in *Entretiens d'Aguesseau. La Justice pénale internationale*, actes du colloque organisé à Limoges les 22-23 novembre 2001, P.U.L.I.M., 2002, pp. 221-228.

DUPUY J.M., "Crimes et immunités, ou dans quelle mesure la nature des premiers empêche l'exercice des secondes", *R.G.D.I.P.*, 1999, pp. 289-296.

EXPERT P., "La voix des victimes", in Juristes Sans Frontières, *Le Tribunal pénal international de la Haye. Le droit à l'épreuve de la "purification ethnique"*, L'Harmattan, L'Harmattan Inc., Paris, Montréal, 2000, pp. 179-193.

FERNANDEZ J., "Variations sur la victime et la justice pénale internationale", in *Revue de civilisation contemporaine de l'Université de Bretagne Occidentale Europes/Amériques*, http://www.univ-brest.fr/amnis/documents/Fernandez2006.doc

FIERENS J., "Qu'est-ce qu'un crime contre l'humanité ?", in *Revue pénale congolaise*, n° 1, janvier-juin 2004, pp. 20-36.

GIACOPELLI M., "Victimes et application des peines", in *RPDP*, n° 4, octobre-décembre 2007, pp. 789-801.

JACQUELIN M., "De l'ombre à la lumière : l'intégration contrôlée des victimes au sein de la procédure pénale internationale", in GIUDICELLI-DELAGE G. et LAZERGES C. (dir.), *La victime sur la scène pénale en Europe*, PUF, Paris, 2008, pp. 179-204.

JORDA C. et DE HEMPTINNE J., "The Status and The Role of the Victim", in CASSESE A., GAETA (P.) and JONES J.R.W.D (eds.), *The Rome Statute of the International Criminal Court : a commentary*, Oxford University Press, 2002, vol. 2, pp. 1387-1419.

JONES J.R.W.D., "Protection of Victims and Witnesses", CASSESE A., GAETA (P.) and JONES J.R.W.D (eds.),

The Rome Statute of the International Criminal Court : a commentary, Oxford University Press, 2002, vol. 2, pp. 1355-1370.

LA ROSA A.-M., "Les tiers devant les juridictions pénales internationales", in RUIZ FABRI H. et SOREL J.-M. (dir.), *Le tiers à l'instance devant les juridictions internationales*, Pedone, Paris, 2005, pp. 169-190.

LOUNICI D. et SCALIA D., "Première décision de la cour pénale internationale relative aux victimes : état des lieux et interrogations", in *Revue internationale de droit pénal*, Vol. 76 –2005, pp. 3-4.

MAISON R., "La place de la victime", in ASCENSIO H., DECAUX E. et PELLET A. (dir.), *Droit international pénal*, Pedone, Paris, 2000, pp. 779-784.

MARTENS P., "Les droits de l'humanité l'emportent-ils sur les droits de l'homme ?", in CARTUYVELS Y. et *alii*, *Les droits de l'homme, bouclier ou épée du droit pénal ?*, Bruylant, Bruxelles, pp. 589-611.

MULENDA LUETETE F., "Les principaux droits de la victime dans la procédure pénale congolaise et à la Cour pénale internationale", in *Revue du Barreau de Kinshasa/Gombe*, n° 02, 2006, pp. 29-42.

PAZARTZIS P., "Tribunaux pénaux internationalisés : une nouvelle approche à la justice pénale" (inter)nationale ?", *A.F.D.I.*, vol. 49, 2004, pp. 641-661.

PAVIA M.-L., "La place de la victime devant les tribunaux pénaux internationaux", in *Arch. pol. crim.*, n° 24, 2004, pp. 61-79.

PHILIPPE X., "Vers une reconnaissance accrue de la place de la victime dans le procès pénal international ? De Nuremberg au Statut de Rome… Aperçu général des règles applicables devant la CPI ", in PHILIPPE X. et VIRIOT-BARRIAL (dir.), *L'actualité de la justice pénale internationale*, actes du colloque organisé par le Centre de Recherche en Matière Pénale F. BOULAN, PUAM, Aix-en-Provence, 2008, pp. 117-129.

POLITI M., "Le statut de Rome de la Cour pénale internationale : le point de vue d'un négociateur", *R.G.D.I.P.*, vol. 4, 1999, pp. 817-850.

RIGOUX F., "La condition des victimes de crimes de droit international", in VOHRAH L.C. *et alii.*(eds.), *Man's Inhumanity to Man. Essays on International Law in Honour of Antonio Cassese*, Kluwer Law International, The Netherlands, 2003, pp. 771-790.

ROMANO C. et BOUTRUCHE T., "Tribunaux pénaux internationalisés : état des lieux d'une justice 'hybride' ", *R.G.D.I.P.*, vol. 1, 2003, pp. 109-124.

SANTULLI C., "Qu'est-ce qu'une juridiction internationale ? Des organes répressifs internationaux à l'O.R.D.", *A.F.D.I.*, vol. XLVI, 2000, pp. 58-81.

SANTULLI C., "Les juridictions de droit international : essai d'identification", *A.F.D.I.*, vol. XLVII, 2001, pp. 45-61.

SCALIA D., "La place des victimes devant la CPI", in KOLB R., *Droit international pénal*, Bruylant/Bruxelles, Helbing Lichtenhann/Bâle, 2008, pp. 311-340.

STAHN C., OLASOLO H. et GIBSON K., "Participation of Victims in Pre-trial Proceedings of the ICC", in *Journal of International Criminal Justice*, vo. 4, 2006, pp. 219-238.

SULZER J., "Le statut des victimes dans la justice pénale internationale émergente", in *Arch. pol. crim.*, n° 28, 2006, pp. 29-40.

TULKENS F., "Victimes et droits de l'homme dans la jurisprudence de la CEDH", in *Arch. pol. crim.*, n° 24, 2002, pp. 41-59.

VERHOEVEN J., "Vers un ordre répressif universel ? Quelques observations", *A.F.D.I.*, vol. XLV, 1999, pp. 55-71.

IV. Interviews

JORDA C., LESCS J. et BOURGUIBA L., "Regard sur la Cour pénale internationale", in *Droits fondamentaux*, n° 6, janvier – décembre 2006, pp. 1-10 (prov.), http://www.droits-fondamentaux.org/IMG/pdf/df6entcj.pdf

JORDA C., "Le juge et le politique", in *Confluences Méditerranée*, n° 64, hiver 2007-2008, pp. 11-23.

JORDA C., juge à la Cour pénale internationale, interview diffusée par la Coalition française pour la Cour pénale internationale, 29 juin 2007, http://www.cfcpi.fr/spip.php?article160

WALLEYN L., représentant des victimes devant la CPI, avocat au Barreau de Bruxelles, ancien Président d'ASF Belgique, interview diffusée par la Coalition française pour la Cour pénale internationale, 29 mai 2007, http://www.cfcpi.fr/spip.php?article152.

V. Textes fondamentaux des juridictions pénales internationales

Accord de Londres du 8 août 1945 concernant la poursuite et le châtiment des grands criminels de guerre des Puissances européennes de l'Axe, http://www.ena.lu/accord_londres_aout_1945-010302341.html

Japanese Instrument of Surrender - Formal end of World War II, TOKYO BAY, JAPAN at 0903, on the SECOND day of SEPTEMBER, 1945, http://www.japan-101.com/history/japanese_instrument_of_surrender.htm

Règlement de procédure et de preuve du TPIR, http://69.94.11.53/ENGLISH/rules/080314/080314.pdf

Règlement de procédure et de preuve du TPIY, http://www.un.org/icty/legaldoc-f/basic/rpe/IT032Rev40f.pdf

Résolution 60/147 adoptée par l'Assemblée générale le 16 décembre 2005, sur les Principes fondamentaux et directives concernant le droit à un recours et à réparation des victimes de violations flagrantes du droit international des droits de l'homme et de violations graves du droit international humanitaire., http://www.aidh.org/ONU_GE/conseilddh/Images/res-549643.pdf

Résolution 808 (1993) adopté par le Conseil de sécurité des Nations Unies le 22 février 1993, portant création du Tribunal pénal international pour l'ex-Yougoslavie, http://www.un.org/french/documents/sc/res/1993/808f.pdf

Résolution 827 (1993) adopté par le Conseil de sécurité des Nations Unies le 25 mai 1993, prévoyant l'organisation et le Statut du Tribunal pénal international pour l'ex-Yougoslavie, http://daccessdds.un.org/doc/UNDOC/GEN/N93/306/29/IMG/N9330629.pdf?OpenElement

Résolution 955 (1994) adoptée par le Conseil de sécurité des Nations Unies le 8 novembre 1994, portant création du Tribunal pénal international pour le Rwanda, S/RES/955 (1994), http://daccessdds.un.org/doc/UNDOC/GEN/N94/437/49/PDF/N9443749.pdf?OpenElement

Résolution 978 (1995) Adoptée par le Conseil de sécurité des Nations Unies le 27 février 1995, sur les attaques dirigées contre des personnes dans les camps de réfugiés proches des frontières du Rwanda, S/RES/978 (1995), http://69.94.11.53/FRENCH/resolutions/978f.htm.

Résolution 1660 (2006) adopté par le Conseil de sécurité des Nations Unies le 28 février 2006, amendant le Statut du Tribunal pénal international pour l'ex-Yougoslavie, http://www.un.org/icty/legaldoc-f/basic/statut/res-1660-f.htm.

Statut du TMI de Nuremberg, http://www.icrc.org/DIH.nsf/FULL/350?OpenDocument

Statut du TPIR, http://www.un.org/ictr/statute_f.html

Statut du TPIY, http://www.un.org/icty/legaldoc-f/basic/statut/statute-feb06-f.pdf

VI. Textes relatifs à la CPI

Code d'éthique judiciaire, adopté et entré en vigueur le 9 mars 2005, in *Journal officiel de la Cour*, http://www.icc-cpi.int/NR/rdonlyres/A62EBC0F-D534-438F-A128-D3AC4CFDD644/140142/ICCBD020105_Fr.pdf

Eléments des crimes, adopté et entré en vigueur le 9 septembre 2002, in *Journal officiel de la Cour*, http://www.icc-cpi.int/NR/rdonlyres/994756C0-045D-49FD-8CD4-8EA1E3EF35AA/0/Element_of_Crimes_French.pdf

Règlement de la Cour, adopté par les juges de la Cour le 26 mai 2004 et amendé le 9 mars 2005, le 14 juin 2007 et le 14 novembre 2007, in *Journal officiel de la Cour*, http://www.icc-cpi.int/NR/rdonlyres/2120068E-D5A7-4347-9578-E89063F498EE/0/ICCBD010207FRA.pdf

Règlement du Greffe, entré en vigueur le 6 mars 2006, et révisé le 25 septembre 2006, in *Journal officiel de la Cour*, http://www.icc-cpi.int/NR/rdonlyres/A57F6A7F-4C20-4C11-A61F-759338A3B5D4/140144/ICCBD_030106Rev1_French.pdf

Règlement de procédure et de preuve, adopté et entré en vigueur le 9 septembre 2002, in *Journal officiel de la Cour*, http://www.icc-cpi.int/NR/rdonlyres/F1E0AC1C-A3F3-4A3C-B9A7-B3E8B115E886/140165/Reglement_de_procedure_et_de_preuves_170704FR.pdf

Statut de la Cour pénale internationale, adopté à Rome le 17 juillet 1998, entré en vigueur le 1er juillet 2002, in *Journal officiel de la Cour*, http://www.icc-cpi.int/NR/rdonlyres/6A7E88C1-8A44-42F2-896F-D68BB3B2D54F/0/Rome_Statute_French.pdf

VII. Décisions et transcriptions d'audiences de la CPI (*)

A. Situation en RDC

1) Affaire le Procureur c/ Thomas Lubanga Dyilo (ICC-01/04-01/06)

a) Chambre préliminaire I

17/01/2006, ICC-01/04-101, *Décision sur les demandes de participation à la procédure de VPRS 1, VPRS 2, VPRS 3, VPRS 4, VPRS 5 et VPRS 6.*

29/06/2006, ICC-01/04-01/06-172, *Décision sur les demandes de participation à la procédure présentées par les Demandeurs VPRS 1 à VPRS 6 dans l'affaire Le Procureur c. Thomas Lubanga Dyilo.*

22/09/2006, ICC-01/04-01/06-462, *Décision sur les modalités de participation des victimes a/0001/06, a/0002/06 et a/0003/06 à l'audience de confirmation des charges*, pp. 7 et 9.

29/01/2007, ICC-01/04-01/06-803, *Décision sur la confirmation des charges.*

17/08/2007, ICC-01/04-373-tFRA, *Décision relative à la demande présentée en vertu de la règle 103-1 du Règlement de procédure et de preuve.*

17/08/2007, ICC-01/04-374-tFRA, *Décision relative aux*

(*) Les décisions de la CPI sont disponibles sur son site Internet, aux adresses suivantes : http://www.icc-cpi.int/Menus/ICC/Situations+and+Cases/Cases/ (version française) et http://www.icc-cpi.int/menus/icc/situations%20and%20cases/cases/cases%20index?lan=en-GB (version anglaise).

demandes du représentant légal des demandeurs concernant les modalités de demande de participation des victimes à la procédure et celles de leur représentation légale.

24/12/2007, n° ICC-01/04-423, *Décision sur les demandes de participation à la procédure déposées dans le cadre de l'enquête en République démocratique du Congo par a/0004/06 à a/0009/06, a/0016/06 à a/0063/06, a/0071/06 à a/0080/06 et a/0105/06 à a/0110/06, a/0188/06, a/0128/06 à a/0162/06, a/0199/06, a/0203/06, a/0209/06, a/0214/06, a/0220/06 à a/0222/06, a/0224/06, a/0227/06 à a/0230/06, a/0234/06 à a/0236/06, a/0240/06, a/0225/06, a/0226/06, a/0231/06 à a/0233/06, a/0237/06 à a/0239/06 et a/0241/06 à a/0250/06. C'est nous qui soulignons. Dans le même sens, Ch. prél. I, 04/07/2008, ICC-01/04-506, situation en République démocratique du Congo, Désignation du Bureau du conseil public pour les victimes pour représenter la victime a/0184/06 en application de la décision ICC-01704-505.*

18/02/2008, ICC-01/04-456-tFRA, *Décision relative à la Demande du BCPV d'accéder au document confidentiel déposé par le Conseil de direction du Fonds d'affectation spéciale au profit des victimes le 7 février 2008*, p. 3.

b) Chambre de première instance I

30/11/2007, ICC-01/04-01/06-1049-tFRA, *Décision relative aux pratiques employées pour préparer et familiariser les témoins avant qu'ils ne déposent au procès.*

13/12/2007, ICC-01/04-01/06-1083-tFRA, *Ordonnance fixant le calendrier pour la présentation de conclusions et la tenue d'audiences sur d'autres questions devant être tranchées à un stade précoce de la procédure.*

18/01/2008, ICC-01/04-01/06-1119-tFRA, *Décision relative à la participation des victimes.*
20/02/2008, ICC-01/04-01/06-1179-tFRA, *Décision relative aux accords entre les parties.*
22/05/2008, ICC-01/04-01/06-1346-tFRA, *Décision relative aux déclarations liminaires et finales.*
16/01/2009, ICC-01/04-01/06-T-104-FRA ET WT, *transcription d'audience.*
26/01/2009, ICC-01/04-01/06-T-107-ENG ET WT, *Transcription d'audience.*
28/01/2009, ICC-01/04-01/06-T-110-FRA WT, *Décision orale sur différentes questions ayant trait à l'auto-incrimination*, transcription d'audience.
06/02/2009, ICC-01/04-01/06-T-120-FRA WT 06-02-2009 2/48 NB T, *transcription d'audience.*

c) Chambre d'appel

13.02.2007, ICC-01/04-01/06-824, *Judgment on the appeal of Mr. Thomas Lubanga Dyilo against the decision of Pre-Trial Chamber I entitled "Décision sur la demande de mise en liberté provisoire de Thomas Lubanga Dyilo".*
13.06.2007, ICC-01/04-01/06-925tFRA, *Décision sur la demande conjointe des victimes a/0001/06 à a/0003/06 et à a/0105/06 du 2 février 2007, relative aux Prescriptions et décision de la Chambre d'appel.*
11/07/2008, ICC-01/04-01/06-1432-tFRA, *Arrêt relatif aux appels interjetés par le Procureur et la Défense contre la Décision relative à la participation des victimes rendue le 18 janvier 2008 par la Chambre de première instance I.*
06/08/2008, ICC-01/04-01/06-1453, *Decision on the participation of victims in the appeal.*

2) Affaire le procureur c/ Germain Katanga et Mathieu Ngudjolo Chui (ICC-01/04-01/07)

Ch. prél. I, 10/03/2008, ICC-01/04-01/07-307, *Decision on the Joinder of the Cases against Germain Katanga and Mathieu Ngudjolo Chui.*

Ch. prél. I, 27/06/2008, ICC-01/04-01/07, *Transcription d'audience.*

Ch. prél. I, 10/09/2008, ICC-01/04-01/07-712, *Order to the Registar to Submit a Report concerning the Defence Request of 10 september 2008.*

Ch. prél. I., 30/09/2008, ICC-01/04-01/07-717-tFRA, *Décision sur la confirmation des charges.*

B. Situation en Ouganda

Affaire le Procureur c/ Joseph Kony, Vincent Otti, Okot Odhiambo et Dominic Ongwen (ICC-02/04-01/05)

Ch. prél. II, 19/03/2008, ICC-02/04-127, *Ordonnance sollicitant du Procureur et de la Division d'aide aux victimes et aux témoins des observations relatives à la levée des scellés concernant certains documents dans les dossiers de la situation et de l'affaire et à la modification du niveau de confidentialité de ceux-ci.*

Ch. prél. II, 18/09/2008, ICC-02/04-154-tFRA, *Décision sur la représentation légale, la désignation d'un conseil de la Défense, les critères d'expurgation des demandes de participation et la présentation d'observations relatives aux demandes de participation a/0014/07 à a/0020/07 et a/0076/07 à a/00125/07.*

C. Situation au Darfour, Soudan

Affaire le Procureur c/ Ahmad Muhammad Harun ("Ahmad Harun") et Ali Muhammad Ali Abd-Al-Rahman ("Ali Kushayb") ICC-02/05-01/07

Ch. prél. I, 24/07/2006, ICC-02/05, *Décision invitant à la présentation d'observations en application de la règle 103 du Règlement de procédure et de preuve.*

D. Situation en RCA

Affaire le Procureur c/ Jean-Pierre Bemba Gombo (ICC-01/05 -01/08)

Ch. prél. III, 03/03/2009, ICC-01/05-01/08-388-tFRA, *Décision portant ajournement de l'audience conformément à l'article 61-7-c-ii du Statut de Rome.*

VIII. Sites Internet

CPI : http://www.icc-cpi.int/Menus/ICC/Home
TPIY : http://www.un.org/icty/index-f.html
TPIR : http://69.94.11.53/FRENCH/index.htm

Annexes

Chambre d'appel, 11/07/2008, ICC-01/04-01/06-1432-tFRA
Situation en République démocratique du Congo
Affaire Le Procureur c/ Thomas Lubanga Dyilo,

Arrêt relatif aux appels interjetés par le Procureur et la Défense contre la Décision relative à la participation des victimes rendue le 18 janvier 2008 par la Chambre de première instance I (extrait).

Conclusion de la Chambre d'appel

86. En définissant un cadre pour l'exercice du droit des victimes participant au procès à présenter des éléments de preuve et à contester l'admissibilité ou la pertinence d'éléments de preuve, la Chambre de première instance a statué, au paragraphe 108 de la Décision attaquée que « les victimes participant à la procédure peuvent se voir autorisées à citer et à interroger des témoins si la Chambre juge que cela contribuera à la manifestation de la vérité et si, pour ce faire, la Cour a "demandé" lesdits éléments de preuve ». Au paragraphe 109, la Chambre a par ailleurs estimé que « rien dans le cadre défini par le Statut de Rome n'empêche la Chambre de première instance de statuer sur l'admissibilité ou la pertinence des preuves après avoir pris en considération les vues et préoccupations exposées par les victimes, en application des articles 68-3 et 69-4 du Statut. Dans certaines circonstances, un tel droit sera accordé suite à une requête en ce sens ». Un peu plus haut, au paragraphe 96 de ladite Décision, la Chambre avait décrété que « la victime qui voudra participer à un stade donné de la procédure (par exemple l'audition d'un témoin particulier ou les débats relatifs à une certaine question de droit ou à un certain type d'éléments de preuve) devra exposer, dans une demande écrite distincte, les raisons pour lesquelles ses intérêts sont concernés par les preuves ou les questions alors soulevées en l'espèce, ainsi que la nature et l'ampleur de la participation qu'elle sollicite ».

87. La Chambre de première instance fonde ses conclusions sur les dispositions du Statut et du Règlement de procédure et de preuve rappelées ci-après.

88. L'article 69-3 du Statut, et en particulier la seconde phrase, prévoit que : Les parties peuvent présenter des éléments de preuve pertinents pour l'affaire, conformément à l'article 64. La Cour a le pouvoir de demander la présentation de tous les éléments de preuve qu'elle juge nécessaires à la manifestation de la vérité.

89. La règle 91-3 du Règlement, dispose que :

a) Si un représentant légal qui assiste et participe à une audience en vertu de la présente règle souhaite interroger un témoin, y compris selon la procédure prévue aux règles 67 et 68, un expert ou l'accusé, il en fait la demande à la Chambre.

Celle-ci peut le prier de formuler par écrit ses questions, qui sont alors communiquées au Procureur et, au besoin, à la Défense ; ceux-ci peuvent formuler des observations dans le délai fixé par la Chambre.

b) La Chambre statue alors sur la demande en prenant en considération la phase à laquelle en est la procédure, les droits de l'accusé, les intérêts des témoins, les exigences d'un procès équitable, impartial et diligent et la nécessité de donner effet au paragraphe 3 de l'article 68. Elle peut joindre à sa décision des instructions quant à la forme et à l'ordre des questions et quant à la production de pièces, en exerçant les pouvoirs qui lui sont conférés par l'article 64.

Si elle le juge nécessaire, elle peut interroger un témoin, un expert ou un accusé au nom du représentant légal de la victime.

90. En sa partie pertinente, l'article 68-3 du Statut dispose que :

Lorsque les intérêts personnels des victimes sont concernés, la Cour permet que leurs vues et préoccupations soient exposées et examinées, à des stades de la procédure qu'elle estime appropriés et d'une manière qui n'est ni préjudiciable ni contraire aux droits de la Défense et aux exigences d'un procès équitable et impartial. [...]

91. L'article 69-4 prévoit, quant à lui, en sa partie pertinente :

La Cour peut se prononcer sur la pertinence et l'admissibilité de tout élément de preuve conformément au Règlement de procédure et de preuve, en tenant compte notamment de la valeur probante de cet élément de preuve et de la possibilité qu'il nuise à l'équité du procès [...].

92. Aux paragraphes 96 et 108 de la Décision attaquée, la Chambre de première instance a jugé qu'elle était compétente pour autoriser les victimes participantes à citer et à interroger des témoins, dans certaines circonstances, suite à une requête des victimes en ce sens. Les parties ont formé un recours contre cette disposition au motif qu'elle reconnaît aux victimes un droit équivalent à celui des parties en matière de présentation de preuves touchant à la culpabilité ou à l'innocence de l'accusé et de contestation de l'admissibilité ou de la pertinence des preuves. Sur ce point, la Décision attaquée manque de clarté.

93. La Chambre d'appel juge important de rappeler que le droit de présenter des éléments de preuve touchant à la culpabilité ou à l'innocence de l'accusé et le droit de contester l'admissibilité ou la pertinence des preuves durant le procès est avant tout réservé aux parties, à savoir le Procureur et la Défense. La première phrase de l'article 69-3 est catégorique : « Les parties peuvent présenter des éléments de preuve pertinents pour l'affaire, conformément à l'article 64 ». Il n'est pas dit « les parties et les victimes peuvent ». Les termes de l'article 69-3 cité précédemment et de l'article 64-6-d selon lesquels la Cour a le pouvoir « d'ordonner la production d'éléments de preuve en complément de ceux qui ont été recueillis avant le procès ou présentés au procès par les parties » envisagent clairement que les éléments de preuve présentés lors du procès le seraient par les parties. Le cadre défini par le Statut de Rome contient de nombreuses dispositions qui viennent conforter cette interprétation, telles les dispositions relatives au rôle spécifique du Procureur notamment en matière d'enquête sur les crimes, de formulation des charges et de détermination des moyens de preuve invoqués à l'appui des accusations (articles 15, 53, 54, 58 et 61-5 du Statut). L'article 66-2 du Statut établit qu'« il incombe au Procureur de prouver la culpabilité de l'accusé ». On présume qu'il revient au Procureur de présenter les éléments prouvant la culpabilité de l'accusé. En outre, le régime de la divulgation, objet des règles 76 à 84 du Règlement détaillant les obligations spécifiques des parties en matière de communication, est un indicateur supplémentaire du fait que ce système s'adresse aux parties et non à des victimes.

94. Cependant, la Chambre d'appel ne considère pas que ces dispositions excluent la possibilité pour les victimes de présenter des éléments de preuve touchant à la culpabilité ou à l'innocence de l'accusé et de contester l'admissibilité ou la pertinence des preuves durant le procès.

95. Sachant bien que c'est au Procureur qu'il incombe de prouver la culpabilité de l'accusé, il est clair néanmoins que

« la Cour a le pouvoir de demander la présentation de tous les éléments de preuve qu'elle juge nécessaires à la manifestation de la vérité » (article 69-3 du Statut). Le fait que la charge de la preuve incombe au Procureur ne peut s'entendre comme une mise à l'écart des pouvoirs statutaires de la Cour puisque c'est elle qui « doit être convaincue de la culpabilité de l'accusé au-delà de tout doute raisonnable (article 66-3 du Statut).

96. Certes, le Statut, en son article 68-3, établit, pour la première fois en droit pénal international, un droit de participation au profit des victimes. Il peut être exercé lorsque les intérêts personnels des victimes sont concernés, à des stades de la procédure que la Cour estime appropriés et d'une manière qui n'est ni préjudiciable ni contraire aux droits de la Défense et aux exigences d'un procès équitable et impartial.

97. Pour que l'esprit et l'intention de l'article 68-3 du Statut se traduisent dans les faits lors du procès, cet article doit être interprété de manière à ce que la participation des victimes soit significative. Des éléments de preuve soumis lors du procès qui seraient sans rapport avec la culpabilité ou l'innocence de l'accusé seraient très vraisemblablement considérés comme irrecevables ou sans intérêt. Si les victimes se voyaient de manière générale et en toutes circonstances dans l'impossibilité de présenter des éléments de preuve touchant à la culpabilité ou à l'innocence de l'accusé et de contester l'admissibilité ou la pertinence d'autres preuves, leur droit à participer au procès pourrait devenir sans effet.

98. Le cadre défini par la Chambre de première instance, tel qu'il est rappelé plus haut au paragraphe 86, est fondé sur une interprétation de la seconde phrase de l'article 69-3, lue en conjonction avec l'article 68-3 et la règle 91-3 du

Règlement, en vertu de laquelle la Chambre peut légitimement donner aux victimes la possibilité de solliciter de la Chambre qu'elle demande la présentation de tous les éléments de preuve qu'elle juge nécessaires à la manifestation de la vérité.

99. Ce faisant, la Chambre de première instance n'a pas créé au profit des victimes un droit illimité de présenter et de contester des éléments de preuve. Les victimes sont tenues d'exposer en quoi leurs intérêts sont concernés par l'élément de preuve ou la question, au vu de quoi la Chambre décidera, au cas par cas, s'il y a lieu d'autoriser une telle participation. Si, par exemple, une victime démontrait que ses intérêts personnels seraient affectés si un témoin pouvant attester du préjudice qu'elle a subi n'était pas cité, ou si un moyen de preuve, qui aurait des incidences sur sa sécurité, était déclaré recevable, alors la victime serait en mesure de demander à la Chambre d'exercer ses pouvoirs en application de l'article 69-3 aux fins, respectivement, de présenter l'élément de preuve ou de contester son admissibilité.

100. Pour statuer sur chacune des demandes, la Chambre de première instance, tout en veillant à protéger les droits de l'accusé, pourrait être appelée à se demander notamment si la présentation d'une telle preuve est appropriée, si elle intervient au moment opportun ou s'il ne faut pas renoncer à l'ordonner pour d'autres raisons. Si la Chambre décide que ledit élément de preuve doit être présenté, elle pourrait alors fixer les modalités de sa communication avant d'autoriser sa présentation, et, selon les circonstances, ordonner à l'une des parties de le produire, demander elle-même la production d'éléments de preuve, ou ordonner aux victimes de présenter des éléments de preuve.

101. En ce qui concerne le droit accordé aux victimes de contester l'admissibilité ou la pertinence d'un élément de preuve, la Chambre de première instance s'est appuyée sur le pouvoir général que lui confère l'article 69-4 de déclarer tout élément de preuve recevable ou pertinent. Cette disposition ne dit rien quant à savoir qui peut contester un tel élément de preuve. L'article 64-9 du Statut autorise la Chambre de première instance à se prononcer d'office sur la recevabilité ou la pertinence d'un élément de preuve. Ces dispositions sont à considérer conjointement avec celles qui portent sur la participation des victimes, en particulier l'article 68-3 du Statut et les règles 89 et 91 du Règlement. À la lumière de ces dispositions, rien dans les articles 69-4 et 64-9 n'interdit à une chambre de première instance de statuer sur la recevabilité ou la pertinence d'un élément de preuve après avoir reçu des observations de victimes sur ledit élément. Là encore, l'approche de la Chambre de première instance quant à l'interprétation de ses pouvoirs n'a pas eu pour effet d'octroyer un droit illimité aux victimes puisqu'elle est subordonnée à l'application de l'article 68-3, la disposition fondamentale régissant la participation des victimes à la procédure.

102. Au surplus, pour défendre sa position, la Chambre de première instance peut se prévaloir de la règle 91-3 du Règlement qui prévoit qu'elle peut autoriser, sur demande de leur part, les représentants légaux des victimes à questionner des témoins ou à produire des documents selon les modalités restreintes qui leur sont prescrites. La Chambre d'appel considère qu'on ne peut exclure que de telles questions ou documents puissent toucher à la culpabilité ou à l'innocence de l'accusé et puissent tendre à contester la recevabilité ou la pertinence d'éléments de preuve pour autant que cette intervention concerne leurs intérêts préalablement identifiés et s'inscrive dans les limites de leur droit de participation. À titre d'exemple, on peut imaginer la production d'une preuve qui soit sans pertinence ou inadmissible au regard de l'identification du préjudice subi par la victime. Cet élément peut provenir d'une source manquant de crédibilité ou n'avoir aucun rapport avec l'identification du préjudice. Dans certains cas de ce genre, les victimes participantes peuvent contester l'admissibilité ou la pertinence de l'élément de preuve devant être produit dans la mesure où son admission aurait une incidence sur leurs intérêts personnels.

103. D'autres exemples relevés par les représentants légaux des victimes méritent considération. Au paragraphe 29 des Observations des victimes, ils affirment : Il est évident que l'intérêt personnel des victimes peut être concerné par la production d'une preuve, et qu'elles peuvent avoir intérêt à en contester l'admissibilité ou la pertinence. Cela peut même être un des éléments qui motivent leur participation à la procédure. Cet intérêt peut résulter des conséquences que la preuve produite ou proposée peut avoir sur leur droit éventuel à une réparation, mais aussi parce que la production de certaines preuves peut leur porter préjudice directement. À titre d'exemple, on peut citer une preuve :

- *qui viole les règles de confidentialité, notamment si cette confidentialité touche la protection des victimes (art. 69-5)*
- *qui est obtenue par un moyen qui viole un droit de l'homme internationalement reconnu de la victime ou [d']un de ses proches (art.69-7)*
- *dont la production risquerait de compromettre sa sécurité ou sa dignité*
- *qui violerait [les règles] 70 et 71 en cas de violences sexuelles*

• qui violerait un arrangement avec la victime ou un de ses proches conclu en vertu de l'art. 54-d.

104. La Chambre de première instance a correctement décrit la procédure et fixé le cadre à l'intérieur duquel elle exercera son pouvoir d'autoriser les victimes à présenter et examiner des preuves : i) demande distincte, ii) notification aux parties, iii) démonstration que des intérêts personnels sont concernés à un stade précis de la procédure, iv) respect des obligations de communication et des ordonnances de protection, v) appréciation du caractère approprié et vi) compatibilité avec les droits de la Défense et les exigences d'un procès équitable. Ces garanties étant posées, la Chambre d'appel considère que l'octroi de droits de participation aux victimes leur reconnaissant la possibilité de produire des éléments de preuve touchant à la culpabilité ou à l'innocence de l'accusé et de contester l'admissibilité ou la pertinence des preuves n'est contraire ni à la charge incombant au Procureur de prouver la culpabilité de l'accusé ni aux droits de la Défense ni aux exigences d'un procès équitable.

105. Par conséquent, la Chambre d'appel confirme la décision de la Chambre de première instance autorisant les victimes participantes à introduire des preuves touchant à la culpabilité ou à l'innocence de l'accusé, et à contester l'admissibilité ou la pertinence des preuves au cours du procès.

Cour Pénale Internationale

Accueil » Les Organes de la Cour » Chambres

Chambres

Arabe

Les Sections

Les juges de la Cour sont répartis en Sections : d'appels, préliminaire et de première instance.

A l'occasion de la reprise de sa première Session, qui s'est tenue à New York du 3 au 7 février 2003, l'Assemblée des États Parties a élu les 18 juges de la Cour qui exerceront des mandats d'une durée de trois, six ou neuf ans. Par leur parcours et leur expérience, les juges de la CPI représentent les principaux systèmes juridiques existant à l'échelon mondial.

Tous les juges sont originaires d'États Parties du Statut de la CPI. Sept juges ont été élus parmi les candidats du Groupe des Etats d'Europe occidentale et des autres pays (WEOG), quatre parmi les candidats du Groupe des Etats d'Amérique latine et des caraïbes (GRULAC), trois parmi les candidats du Groupe des Groupe des Etats d'Asie, trois parmi les candidats du Groupe des Etats d'Afrique, et un parmi les candidats du Groupe des Etats d'Europe orientale. On compte sept femmes et onze hommes.
Les juges ont été élus à partir de deux listes :

- La LISTE A : Composée de candidats présentant une compétence reconnue dans les domaines du droit pénal et de la procédure pénale et ayant l'expérience nécessaire du procès pénal, que ce soit en qualité de juge, de procureur ou d'avocat ou en toute autre qualité similaire.
- La LISTE B : Composée des candidats ayant une compétence reconnue dans des domaines pertinents du droit international, tels que le droit international humanitaire et les droits humains, ainsi qu'une grande expérience dans une profession juridique qui présente un intérêt pour le travail judiciaire de la Cour.

Les juges sont normalement élus pour un mandat de neuf ans non renouvelable. Toutefois, à la première élection, un tiers des juges élus, désignés par tirage au sort, sont nommés pour un mandat de trois ans ; un tiers des juges élus, désignés par tirage au sort, sont nommés pour un mandat de six ans ; les autres juges sont nommés pour un mandat de neuf ans. Les juges tirés au sort pour un mandat de trois ans sont rééligibles pour un nouveau mandat complet de neuf ans.

La Présidence peut, au nom de la Cour, proposer d'augmenter le nombre des juges, si cela est estimé nécessaire et approprié. Le Greffe diffuse alors la proposition auprès de tous les États Parties qui doivent l'approuver en réunion à la majorité des deux tiers des membres de l'Assemblée des États Parties.

La Cour s'organise en trois sections. L'Article 39 du Statut de la CPI stipule que la Section des appels est composée du Président et de quatre autres juges ; la Section de première instance et la Section préliminaire sont composées chacune de six juges au moins. L'affectation des juges aux sections est fondée sur la nature des fonctions assignées à chacune d'elles et sur les compétences et l'expérience des juges élus à la Cour, de telle sorte que chaque section comporte la proportion voulue de spécialistes du droit pénal et de la procédure pénale et de spécialistes du droit international. La Section préliminaire et la Section de première instance sont principalement composées de juges ayant une expérience des procès pénaux.

1. La Section préliminaire
2. La Section de première instance
3. La Section des appels

Les personnes considérées comme des victimes par la Cour peuvent être partie à la procédure.

Maanweg 174, 2516 AB, La Haye, Pays Bas / Boîte postale 19519, 2500 CM La Haye, Pays Bas
Tel. : +31 70 515 85 15 • Fax : +31 70 515 85 55 • http://www.icc-cpi.int

International Criminal Court

Home » Organs of the Court » Chambers

Chambers

Arabic

Divisions

After the election of the judges, the Court organizes itself into Appeals, Pre-Trial and Trial Divisions and respective Chambers of the Court.

During its first resumed session held in New York from 3 to 7 February 2003, the Assembly of States Parties elected the eighteen judges of the Court for a term of office of three, six, and nine years. The judges constitute a forum of international experts that represents the world's principal legal systems.

Seven were elected from the Western European and others Group of States (WEOG), four from the Latin American and the Caribbean Group of States (GRULAC), three from the Asian Group of States, three from the African Group of States , one from the Group of Eastern Europe. Seven are female and eleven are male judges.

The judges were elected from two lists:

- LIST A: Consisting of candidates with established competence in criminal law and procedures, and the necessary relevant experience, whether as judge, prosecutor, advocate, or in other similar capacity in criminal proceedings.
- LIST B: Consisting of candidates with established competence in relevant areas of international law, such as international humanitarian law and the law of human rights, and extensive experience in a professional legal capacity which is of relevance to the judicial work of the Court.

All the judges are nationals of States Parties to the Rome Statute.

The judges can hold office for a term of nine years and are not eligible for re-election, except for the cases provided by the Rome Statute. The judges elected for a term of three years are eligible for re-election.

The Presidency, acting on behalf of the Court, can propose to increase the number of the judges, if it is considered necessary and appropriate, the Registry then will circulate the proposal to all States Parties for final discussion by the Assembly of States Parties.

The judiciary of the Court is composed of three divisions:

1. Pre-Trial Division
2. Trial Division
3. Appeals Division

Each division is responsible for carrying out the judicial functions of the Court.

The Appeals Division is composed of the President and four other judges, the Trial Division of the Second Vice President and five other judges, and the Pre-Trial Divisions of the First Vice President and six other judges.

Maanweg 174, 2516 AB, The Hague, The Netherlands / Post Office Box 19519, 2500 CM The Hague, The Netherlands
Tel. : +31 70 515 85 15 • Fax : +31 70 515 85 55 • http://www.icc-cpi.int

Cour Pénale Internationale

International Criminal Court

Le Greffe

The Registry

VIA COURRIEL

Maître Ghislain Mabanga Monga Mabanga
40, rue de la Réunion
75020 Paris
France

cabinet.mabanga@wanadoo.fr

Référence: DSS/2009/AM/69
ICC-01/04-01/06
Date: 19 mars 2009

Re: Votre désignation comme conseil de permanence

Cher Maître,

Sur ordre de la Chambre de première instance I dans l'affaire *Le Procureur c/Thomas Lubanga Dyilo* (ICC-01/04-01/06) demandant à ce que le Greffe s'assure qu'un conseil est disponible dans l'urgence en vue d'assister un témoin devant ladite chambre conformément à la Règle 74.10 du *Règlement de procédure et de preuve*, nous vous désignons par la présente en qualité de conseil de permanence pour les besoins exclusifs sus mentionnés.

Je vous prie de noter que cette désignation prend effet à compter de la notification de la présente. Sans préjudice des pouvoirs conférés aux juges en vertu des textes pertinents de la Cour et sauf indication de notre part, cette même désignation est valable pour les besoins exclusifs de l'examen des pièces pertinentes du dossier et de la réunion avec le témoin, ainsi que de toute autre tâche que la Chambre estime appropriée ultérieurement. Le cas échéant, je vous informerai de toute modification concernant votre mandat.

Afin de vous édifier sur vos conditions d'intervention, je vous informe que celle-ci est prise en charge par la Cour et qu'à ce titre vous serez rétribué selon le barème repris ci-après. À cet égard, pour nous permettre de procéder aux paiements appropriés de vos honoraires dans les meilleurs délais, je vous invite à retourner votre relevé d'heures dûment signé à la Section d'appui à la défense: (tél. : +31 70 515 8787, télécopie : +31 70 515 8990, courriel : dss@icc-cpi.int) à la fin de votre mandat.

Maanweg 174, 2516 AB The Hague, The Netherlands – Maanweg 174, 2516 AB La Haye, Pays-Bas | www.icc-cpi.int
Telephone – Téléphone +31(0)70 515 85 15 / Facsimile – Télécopie +31(0)70 515 85 55

Honoraires a verser a un conseil de permanence ou *ad hoc*

(2009)

[redacted] par heure*, avec un plafond de

[redacted] par jour, avec un plafond de

[redacted] par mois

* Le taux horaire s'applique lorsque le conseil travaille dans son lieu de résidence ; lorsqu'il ou elle est en mission en dehors de son lieu de résidence, le forfait journalier est appliqué.

Prenant note de la prestation de serment exécutée par vos soins le 29 janvier 2009, j'attire votre attention sur les dispositions du *Code de conduite professionnelle des conseils* auquel vous êtes assujetti en tant que conseil de permanence et, tout particulièrement, sur l'obligation de respect du secret professionnel et de la confidentialité prescrite en son article 8 reproduit ci-après[1].

Enfin, je vous informe que la Section d'Appui à la Défense est à votre disposition pour toute assistance administrative appropriée dans l'exécution de votre mandat devant la Cour. En cas de besoin, vous pouvez contacter cette Section aux cordonnées sus indiquées.

Je vous prie de croire, cher Maître, en l'assurance de mes sentiments les meilleurs.

Prof. Dr. Esteban Peralta Losilla

Chef, Section d'appui à la défense

[1] Article 8 : Respect du secret professionnel et de la confidentialité

1. Le conseil veille activement à respecter le secret professionnel et à protéger les informations confidentielles au sens des dispositions statutaires et règlementaires.
2. Le conseil ne dévoile les informations confidentielles par nature ou par décision de justice qu'aux personnes qui travaillent avec lui et au seul effet de leur permettre d'exercer leurs fonctions dans l'affaire dont il s'agit. Le conseil s'assure que ces personnes observent et maintiennent la confidentialité de ces informations.
3. Les informations confidentielles par nature s'entendent des informations telles qu'envisagées dans la Règle 73.
4. Le conseil ne peut dévoiler des informations confidentielles par nature que dans les conditions fixées par le paragraphe 1 de la Règle 73 ou, s'agissant des informations déclarées confidentielles par décision de justice, que lorsque la Cour lève explicitement la restriction de divulgation.

Table des matières

L'HARMATTAN, ITALIA
Via Degli Artisti 15 ; 10124 Torino

L'HARMATTAN HONGRIE
Könyvesbolt ; Kossuth L. u. 14-16
1053 Budapest

L'HARMATTAN BURKINA FASO
Rue 15.167 Route du Pô Patte d'oie
12 BP 226
Ouagadougou 12
(00226) 76 59 79 86

ESPACE L'HARMATTAN KINSHASA
Faculté des Sciences Sociales,
Politiques et Administratives
BP243, KIN XI ; Université de Kinshasa

L'HARMATTAN GUINÉE
Almamya Rue KA 028
En face du restaurant le cèdre
OKB agency BP 3470 Conakry
(00224) 60 20 85 08
harmattanguinee@yahoo.fr

L'HARMATTAN CÔTE D'IVOIRE
M. Etien N'dah Ahmon
Résidence Karl / cité des arts
Abidjan-Cocody 03 BP 1588 Abidjan 03
(00225) 05 77 87 31

L'HARMATTAN MAURITANIE
Espace El Kettab du livre francophone
N° 472 avenue Palais des Congrès
BP 316 Nouakchott
(00222) 63 25 980

L'HARMATTAN CAMEROUN
BP 11486
Yaoundé
(00237) 458 67 00
(00237) 976 61 66
harmattancam@yahoo.fr

652689 - Mai 2016
Achevé d'imprimer par

1livre.com
du rêve à la réalité !

Printed in Dunstable, United Kingdom

91218504R00100